Isabel Ramallal

E l e

sm

D1334296

EXPRESIÓN ESCRITA

ESPAÑOL LENGUA EXTRANJERA

Soledad Varela y Juana Marín

Comercializa:

Para el extranjero:
EDICIONES SM - Joaquín Turina, 39 - 28044 Madrid (España)
Teléfono 508 51 45 - Fax 508 99 27

Para España:

EN & B, Hispano Francesa de Ediciones, SA
Enrique Jardiel Poncela, 4, 3° B - 28016 Madrid
Teléfono 350 05 96 - Fax 359 30 39

CESMA, SA - Aguacate, 43 - 28044 Madrid (España)
Teléfono 508 69 40 - Fax 508 49 09

© Soledad Varela Ortega, Juana Marín Arrese - Ediciones SM

ISBN: 84-348-4117-7
Depósito legal: M-9029-1994
Fotocomposición: Grafilia, SL
Librograf, SA - Molinaseca, 13 - Fuenlabrada (Madrid)
Impreso en España-Printed in Spain

ÍNDICE

Introducción 7

Unidad 1: Notas y telegramas 9

Unidad 2: Anuncios 21

Unidad 3: Impresos, formularios y escritos oficiales 33

Unidad 4: Cartas personales 49

Unidad 5: Cartas a empresas e instituciones 63

Unidad 6: Redacciones 77

Apéndice 91

INTRODUCCIÓN

Este libro está pensado para aquellas personas que llevan estudiando español entre dos y tres años, esto es, para estudiantes de nivel intermedio.

Las actividades que se han programado comprenden tareas auténticas que se corresponden con situaciones en las que se recurriría a la escritura en la vida real. Pensemos en qué **situaciones** hacemos uso de la lengua escrita, cuáles pueden ser las **finalidades** de nuestros mensajes y quiénes pueden ser sus **receptores**.

A veces, dejamos por escrito recados o notas a las personas con las que convivimos y, en ocasiones, nos dirigimos a un lector anónimo para ofrecer o solicitar algo a través del anuncio en el periódico o por medio del cartel colocado en el tablón de anuncios de algún lugar público. En la vida cotidiana, es frecuente que tengamos que rellenar formularios o impresos donde se nos preguntan distintos datos personales, y tampoco es inusual que rellenemos hojas de reclamación y de sugerencias o formularios con pedidos.

Por otra parte, el correo es un medio generalizado en nuestra cultura para comunicarnos con los demás: escribimos cartas o tarjetas postales a nuestros amigos y familiares, enviamos telegramas o fax tanto en nuestro trabajo como en la vida privada y, en ocasiones, escribimos cartas a los periódicos dando nuestra opinión, quejándonos de algo o felicitando al director o al periodista por un reportaje.

Están, además, las cartas oficiales. Sabemos que cuando nos dirigimos por escrito a organismos públicos, instituciones o empresas, nuestras cartas tienen que tener mayor grado de formalidad y que debemos ajustarnos a ciertas fórmulas fijas.

Otras veces es en nuestro trabajo donde empleamos la escritura: hacemos informes por escrito, enviamos comunicados internos o escribimos cartas con distintas finalidades, y si somos estudiantes, tomamos apuntes en clase, hacemos exámenes por escrito o escribimos redacciones de muy variada índole.

El **contexto**, la **finalidad** y la **relación** entre el emisor y el receptor dan lugar a distintos **formatos de texto**, a **estilos** y **registros** diferentes que se distinguen por **recursos formales** propios. Es de observar, también, que hay escritos que favorecen más un **tipo de discurso** que otro; por ejemplo, que utilizan más la argumentación o que por el contrario recurren preferentemente a la narración y a la descripción, aparte de que hay ciertas **funciones comunicativas** que están más en consonancia con unos escritos que con otros. Estas variables son las que se han tomado en cuenta al organizar el libro y diseñar los ejercicios que comprende.

La división en unidades se ha basado fundamentalmente en el tipo de texto, empezando por aquellos más breves. Así, la primera unidad comprende textos cortos, a menudo abreviados: notas y telegramas. La segunda unidad comprende un conjunto de textos bien diferenciados porque se dirigen a un receptor anónimo: el anuncio que se publica en el periódico o el aviso que se coloca en un tablón a la vista de todos. La tercera unidad se caracteriza porque reúne cierto tipo de escritos muy estereotipados en su forma: impresos, formularios, instancias y otros escritos oficiales. La cuarta unidad comprende los distintos formatos de escrito que suelen utilizarse hoy en la correspondencia personal: cartas, tarjetas, postales y fax. La quinta unidad se centra en las cartas comerciales e institucionales, incluidas las que se dirigen a los periódicos. Por último, la unidad sexta está dedicada a las redacciones escolares o ensayos académicos. Esta última unidad se diferencia notablemente de las demás porque su «realidad» viene impuesta por la convención particular que se establece entre el profesor y el alumno en la situación de comunicación del aula.

La organización interna de las unidades es la siguiente: salvo la sexta, todas ellas están precedidas de unas **pautas** con los principales puntos gramaticales que van a ir apareciendo y algunas expresiones léxicas características del tipo de escrito al que se dedica la unidad. A continuación figuran los **textos** *modelo*, clasificados por el tipo de función comunicativa o tarea de interacción a la que atienden, a los que siguen dos tipos de actividades para que realice el estudiante. En primer lugar aparecen las **actividades guiadas** que siguen las pautas establecidas en los textos modelo y en las que siempre se proporciona al estudiante información sobre el tipo de texto que tiene que componer: qué escribir, por qué y para qué escribir, y a quién dirigirse. En segundo y último lugar aparecen las **actividades libres**, donde el estudiante goza de mayor independencia creativa aunque dispone siempre de información sobre la situación de comunicación en la que tiene que desarrollar el texto.

El contenido y la finalidad propios de la unidad sexta nos han sugerido una estructura algo diferente: después de una explicación breve sobre el tipo de discurso que se va a presentar (**descripción, narración, exposición** y **argumentación**), aparece el texto modelo. En los márgenes se detallan los rasgos lingüísticos que caracterizan el tipo de texto en cuestión, subrayándose en él los exponentes más representativos. A continuación se incluyen una serie de actividades guiadas.

El libro se completa con un **apéndice** final donde se ha recogido información útil referente a ciertas convenciones del español escrito: acentuación, mayúsculas, abreviaturas más usuales, signos de puntuación y división de palabras. Asimismo, se incluye una sinopsis de los principales tipos de conectores textuales.

1: NOTAS Y TELEGRAMAS

◆ **Tipos de escrito**

Se trata por lo general de textos sencillos y reducidos, dirigidos a un destinatario amigo o conocido. La finalidad de estos escritos es entablar una comunicación breve, a menudo urgente, para dar avisos, recados, instrucciones, etcétera. Se suele emplear un estilo informal, que se refleja en el formato del texto, en el léxico y en ciertas formas gramaticales preferidas.

◆ **Pautas**

● Las fórmulas de encabezamiento y despedida son sencillas, e incluso pueden omitirse.

Os esperamos el sábado 10 sobre las 9.30.
No faltéis.

Enrique y Ángela

9

- Para dirigirse al destinatario, especialmente si es amigo o conocido, en el castellano peninsular se utilizan las formas con «tú».

    Te/os espero a las 6.

- A menudo se emplean exclamaciones.

    ¡Enhorabuena!

- Se suelen utilizar numerales para indicar horarios y fechas, así como para otras indicaciones.

    Reunión a las 10.30.
    Continuar 100 m.
    la 1.ª

- Es frecuente el uso de abreviaturas y siglas.

    teléf. (teléfono)
    izqda. (izquierda)

- En algunas notas se omiten los artículos, el enlace verbal y ciertas preposiciones que no añaden información.

    ¡Ojo! Alarma conectada.

- Los tiempos verbales más comunes son el presente y el pretérito perfecto, así como el futuro para indicar planes o intenciones.

    Necesito unos datos ...
    Han llamado ...
    Llegaré tarde.

- A menudo se emplean las formas no personales del verbo, especialmente en los telegramas.

    Reunión cancelada.
    Deseando verte.

- Es frecuente el uso del imperativo. En ciertos casos, el infinitivo desplaza a las formas personales del verbo.

> *Cierra la puerta con llave.*
> *Girar a la izquierda en 2.ª rotonda. Continuar 100 m hasta nuevo cruce. Girar a la derecha y seguir hasta 3.er semáforo.*

- Las expresiones adverbiales más frecuentes son las locativas y las temporales.

> *debajo del fregadero*
> *a las 6 de la tarde*

Avisos y comunicados

• Eres el secretario del consejo de redacción de la revista de una asociación cultural. Se ha aplazado una reunión del consejo hasta el próximo viernes, 7 de mayo. Envías un telegrama a los miembros del consejo para notificarles el aplazamiento.

INDICACIONES RECEPCION

Correos y Telégrafos

TELEGRAMA

REUNIÓN CONSEJO REDACCIÓN REVISTA APLAZADA. NUEVA FECHA VIERNES 7 MAYO. LUGAR ASOCIACIÓN MACHADO. SALUDOS. SECRETARIO CONSEJO.

• Llaman a tu compañera de despacho de la consulta del dentista para recordarle que tiene cita el jueves de la semana próxima a las 6 de la tarde. Debe confirmar la cita a la mayor brevedad posible llamando al teléfono 543 25 98. Le dejas una nota con el recado.

Juana,
han llamado de la consulta del dentista. Recuerda que tienes cita la semana que viene, el jueves a las 6. Llama para confirmar cuanto antes. Teléf. 543 25 98.

Marcella

Felicitaciones y condolencias

• Recibes la noticia de que unos amigos acaban de tener una niña. Les envías un telegrama de felicitación.

INDICACIONES RECEPCION

Correos y Telégrafos

TELEGRAMA

¡ENHORABUENA MAMÁ Y PAPÁ! DESEANDO VER NIÑA ESPERO RAQUEL RECUPERADA YA. ABRAZOS. GEORGE.

• Te enteras de que han operado a una amiga. Como no puedes ir a visitarla al hospital hasta el fin de semana, le mandas un ramo de flores con una nota.

> *Querida Elena:*
>
> *Espero que todo haya salido perfectamente. Lamento mucho la noticia.*
> *Te veré este fin de semana, ya recuperada del todo, estoy segura.*
> *Un abrazo muy fuerte,*
>
> *Noriko*

Agradecimientos

• Una amiga te envía un ejemplar de un libro que acaba de publicar. Le escribes una nota de agradecimiento.

> Paloma,
>
> He recibido tu libro. Mil gracias. Parece interesantísimo.
> Ya te contaré cuando lo acabe.
> Un abrazo,
>
> Hans

Disculpas y explicaciones

• Una amiga te ha invitado a pasar unos días con ella en Grecia. Lo tienes todo ya planificado, pero te comunican que tu padre está muy enfermo y tienes que ir a verlo. Le mandas un telegrama a tu amiga, disculpándote y explicándole la situación.

INDICACIONES RECEPCIÓN

Correos y Telégrafos

TELEGRAMA

LAMENTO CANCELAR VIAJE. PADRE ENFERMO.
TE ESCRIBIRÉ. GRACIAS. BESOS. CHRIS.

Instrucciones y consejos

• Tus compañeros de trabajo se van a reunir en tu casa y les das una nota acompañada de un mapa con las instrucciones para llegar.

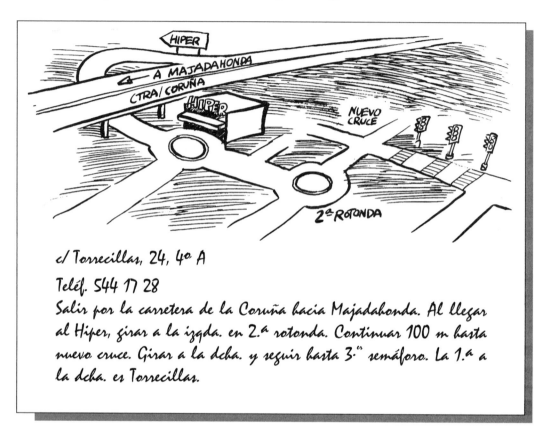

c/ Torrecillas, 24, 4º A

Teléf. 544 17 28

Salir por la carretera de la Coruña hacia Majadahonda. Al llegar al Hiper, girar a la izqda. en 2.ª rotonda. Continuar 100 m hasta nuevo cruce. Girar a la dcha. y seguir hasta 3.ª semáforo. La 1.ª a la dcha. es Torrecillas.

• Una amiga va a quedarse en tu casa unos días, pero tú tienes que ausentarte por un viaje de negocios. Le dejas una nota explicándole lo que tiene que hacer.

Ana,
la vecina del 3.º C te dará las llaves. Tienes un montón de comida en la nevera. La llave del agua está debajo del fregadero. Para el agua caliente, tienes que encender el calentador de gas. ¡Ojo con el grifo de la bañera! Hay que dejarlo bien cerrado.
¡Que lo pases bien! Te veré el jueves.
Un beso,
Costas

Ruegos y peticiones de información

• Estás de viaje por España y pierdes el bolso de mano con todo el dinero y los documentos. Mandas un telegrama a una amiga que tienes en Madrid para que te envíe algo de dinero y notifique la pérdida a tu embajada.

INDICACIONES RECEPCION

Correos y Telégrafos

TELEGRAMA

PERDIDO DINERO Y DOCUMENTOS.
POR FAVOR MÁNDAME GIRO POSTAL
HOSTAL LAS PALOMAS CUENCA.
NOTIFICA PÉRDIDA PASAPORTE EMBAJADA.

MILLÓN GRACIAS. JILL.

• Estás escribiendo un informe sobre el tipo de alumnado matriculado en los cursos de Español para Extranjeros en tu centro y necesitas una serie de datos. Le dejas una nota al secretario del centro para que te busque la información en una encuesta que han rellenado.

Paco,

necesito una serie de datos sobre los alumnos extranjeros. ¿Puedes buscarme la información sobre edad, sexo, nacionalidad, intereses personales y motivos por los que se han matriculado en los cursos? Cuando lo tengas, déjamelo en el despacho.

Muchas gracias,

Soledad

Avisos y comunicados

1. Tu padre está muy grave y le han ingresado en el hospital. Escribe un telegrama a tu hermano, que está de viaje, dándole la noticia y pidiéndole que vuelva inmediatamente.

EL EXPEDIDOR DEBE RELLENAR ESTE IMPRESO, EXCEPTO LOS RECUADROS EN TINTA ROJA				
SE RUEGA ESCRIBA CON LETRAS MAYUSCULAS O CARACTERES DE IMPRENTA				

INS. O NUMERO DE MARCACION / SERIAL / N.º DE ORIGEN

LINEA PILOTO

TELEGRAMA

INDICACIONES TRANSMISION

OFICINA DE ORIGEN / PALABRAS / DIA / HORA / IMPORTE EN PESETAS

INDICACIONES:

DESTINATARIO: ....

SEÑAS: ....

TELEFONO: .... TELEX: ....

DESTINO: ....

TEXTO: ....

UNE A-5 (148 x 210) T. G. - 1

SEÑAS DEL EXPEDIDOR NOMBRE: .... TFNO.: ....

DOMICILIO: .... POBLACION: ....

2. Contestas el teléfono. Llaman preguntando por tu compañera de piso. Como no está en ese momento, recibes el siguiente recado. Déjale una nota.

Hola, ¿está Lourdes?...

Ah, hola, Joanne, soy Fernando. ¿Le puedes dejar un recado? Quería que me acompañara a comprarle un regalo a Julia...

Bien, vale. Mira, voy a estar en la oficina hasta las cinco. Dile que me llame...

Sí, creo que tiene el número de teléfono, pero por si acaso anótalo. Es el 246 22 92. Si llega más tarde, por favor que me llame a casa...

Vale, muchas gracias...

Hasta luego.

Felicitaciones y condolencias

1. Un amigo tuyo acaba de terminar la tesis doctoral. Mándale un telegrama de felicitación.

TEXTO:

UNE A-5 (148 x 210) T.G. – 1

| SEÑAS DEL EXPEDIDOR | NOMBRE: | TFNO.: |
| | DOMICILIO: | POBLACION: |

2. Has invitado a tu amigo Chris a pasar unos días contigo. Recibes este telegrama:

INDICACIONES
RECEPCION

Correos y Telégrafos

TELEGRAMA

LAMENTO CANCELAR VIAJE. PADRE ENFERMO.
TE ESCRIBIRÉ. GRACIAS. BESOS. CHRIS.

Escríbele una nota de condolencia.

Agradecimiento

1. Acabas de recibir un regalo de cumpleaños de un amigo que vive en el extranjero. Te ha hecho mucha ilusión. Mándale un telegrama de agradecimiento.

TEXTO:

UNE A-5 (148 x 210) T.G. – 1

| SEÑAS DEL EXPEDIDOR | NOMBRE: | TFNO.: |
| | DOMICILIO: | POBLACION: |

2. Has perdido tus apuntes de clase. Una compañera te deja los suyos para que los fotocopies. Se los devuelves con una nota de agradecimiento. Reordena las frases siguientes:

> Sheila,
> – ya los he fotocopiado
> – te los dejo con el portero
> – gracias de nuevo
> – mil gracias por los apuntes
> – te veré el lunes en el examen
> – como no estás
> > Philip

Disculpas y explicaciones

1. Estás pasando una temporada con una familia española, que son buenos amigos tuyos. Ellos están fuera el fin de semana. Otros amigos te han invitado a una fiesta el domingo por la noche. Deja una nota a la familia disculpándote por no estar cuando ellos vuelvan. Haz las modificaciones necesarias en las formas verbales.

> *Queridos todos,*
>
> *estoy ... (INVITAR) a una fiesta este domingo. Lo ... (SENTIR), pero no ... (PODER) cenar con vosotros. Voy a ... (LLEGAR) tarde. No me ... (ESPERAR) levantados. Paco me ha ... (DEJAR) sus llaves.*
>
> > *Un abrazo,*
> > *Pierre*

2. Has quedado con un compañero de tu residencia para estudiar juntos esta tarde. Recibes un telegrama de tus padres diciendo que llegan de París en el vuelo de la tarde. Déjale una nota disculpándote y explicándole la situación.

Instrucciones y consejos

1. Hoy vas a llegar tarde a casa y no te da tiempo para hacer una serie de recados. Escríbele una nota a tu compañero de piso:

> *Isidro,*
> *no voy a llegar hasta después de las 8.*
> *¿Puedes hacer estos recados?*
> *– ... 1/2 kg tomates.*
> *– ... traje de la tintorería y camisas.*
> *– ... carta para Laura y sellos.*
> *– ... ropa lavada.*
> *Comprueba también si necesitamos comprar fruta.*
>   *Hasta luego,*
>   *Mike*

2. Has quedado con un amigo para ir a ver una película en la sesión de noche. Lees la cartelera y le dejas una nota con los datos del cine: nombre, dirección, metro más cercano y hora del último pase.

> Alphatel, 1.
> Martín de los Heros, 12
> Metro Plaza de España
> **Casablanca** 4.30, 6.35, 8.40, 10.45 horas.

Ruegos y peticiones de información

1. Quieres hacer un viaje a la India. Tienes un amigo que trabaja en una agencia de viajes. Le escribes una nota pidiéndole información para planificar el viaje. Quieres saber:

- ciudades más importantes
- lugares de interés cultural
- vacunaciones necesarias
- fechas y horarios de vuelos

2. Trabajas en un hospital por la tarde. El viernes estás invitada a una boda. Déjale una nota a tu compañero de la mañana pidiéndole que te cambie el turno.

1. Estás de viaje. Has cambiado de planes y decides volver a casa antes de la fecha prevista: llegas el jueves por la mañana, en el vuelo de Ibersa, IB-7204, desde Nueva York. Escribe un telegrama a tu marido para que vaya a recogerte al aeropuerto.

2. Te has enterado de que un amigo de la infancia se va a casar. Mándale un telegrama de felicitación.

3. Has estado invitado el fin de semana en casa de unos amigos. El lunes te levantas a primera hora de la mañana, cuando todos están aún dormidos, y les dejas una nota de agradecimiento.

4. Unos amigos te han invitado a pasar el fin de semana en su casa del campo, pero el lunes tienes un examen muy importante. Escríbeles una nota para disculparte por no poder ir y dales explicaciones.

5. Vas a celebrar una fiesta de disfraces e invitas a tus compañeros de clase. Escríbeles una nota indicando cómo llegar a tu casa en metro o en autobús.

6. Estás esperando un pedido del supermercado. Vas a estar ausente de casa todo el día. Le dejas una nota al portero para que se haga cargo del envío.

2: ANUNCIOS

◆ **Tipos de escrito**

Lo característico de este tipo de textos es que se dirigen a un receptor anónimo con el fin de persuadirle para que actúe de una determinada manera. Incluyen por lo general información precisa en forma condensada y suelen contener descripciones de objetos, personas o servicios. A través de ellos se puede ofrecer o pedir algo, así como dar avisos o comunicados.

◆ **Pautas**

• A menudo se utiliza la forma impersonal, aunque también es frecuente la 1.ª persona.

se busca piso
vendo bicicleta

• El tiempo verbal más usado es el presente; cuando es preciso hacer referencia a un hecho anterior, se suele recurrir al participio pasado para hacer más conciso el texto. En ocasiones, se alude genéricamente al posible receptor del mensaje a través de una oración de relativo con el verbo en subjuntivo, y si se menciona algún beneficio, aparece el tiempo futuro.

perdida gata siamesa
(se busca) una persona que sepa ...
se gratificará a quien ...

• Es frecuente el uso del infinitivo por el imperativo.

dejar recado en el contestador

• Como en toda descripción, abundan los sustantivos comunes acompañados de adjetivos o de otras calificaciones que los identifiquen.

- Ordenación Sustantivo + Adjetivo y Adjetivo + Sustantivo
estudiante francés, ventilador eléctrico
el despistado dueño, magníficas ofertas

- Intensificadores del adjetivo
de lo más práctico
bastante / enormemente / muy resistente

Ofrecimientos

- Te marchas de la ciudad y quieres vender una serie de objetos. Colocas un papel en los tablones de anuncios de la universidad en la que has estado estudiando.

> Vendo: - Diccionario alemán-español, español-alemán
> - ventilador eléctrico bitensión
> - silla y mesa de estudio en madera de pino
> - lámpara de mesa de hierro esmaltado
> - consola metálica para ordenador con tres baldas
> - raqueta de tenis marca «Derbi-X»
> - amplificador de guitarra
> - bicicleta de montaña, 18 velocidades
> Llamar a Greg, tardes o noches, al 123 56 90.

- Redactas el mismo anuncio desde un punto de vista más subjetivo y en un estilo coloquial y lo colocas en tu residencia.

> ¡La gran OCASIÓN para comprar objetos maravillosos y a un precio de GANGA! Mis maletas pesan mucho y tengo que vender algunas de mis mejores pertenencias: un diccionario bilingüe español-alemán que está intacto, un ventilador eléctrico en perfecto estado de funcionamiento para toda clase de tensiones, una mesa de estudio en madera de pino y silla anatómica a juego, preciosas y muy resistentes, una lámpara de mesa de hierro, casi a estrenar, una consola de lo más práctica para colocar toda clase de objetos, una raqueta de tenis de marca conocidísima, un amplificador de guitarra bien cuidado (¡impecable!), una bicicleta de montaña ideal para adultos con ganas de perder unos kilitos. Todo ello a precios increíbles. Si te interesa alguna de estas magníficas ofertas, no tienes más que LLAMAR a cualquier hora de la TARDE o de la NOCHE a Greg, teléf. 123 56 90.

- Estás estudiando en un país de habla española y te ofreces para dar clases de inglés.

> Estudiante norteamericana de universidad se ofrece para dar clases de inglés a domicilio durante las vacaciones de Navidad. Seriedad en el trabajo y amplia experiencia con niños. Horario a convenir. Llamar a la residencia «Sta. Lucía» y preguntar por Jane Houston.

Solicitudes

- Trabajas en España y buscas piso. Pones un anuncio en el periódico.

> **Extranjero busca piso para alquilar**
> en zona residencial bien comunicada con el centro, preferentemente cerca de estación de metro. Zona de recibir espaciosa y dos dormitorios como mínimo. Importante que tenga buena orientación, con vistas al exterior. Cocina amueblada, lavavajillas incluido.
> **Imprescindible teléfono.** Abstenerse agencias.
> Teléf. 25 90 76, Sr. Mayer.

- Tienes un niño pequeño y buscas a alguien que lo cuide los fines de semana. Escribes un anuncio para colocar en las tiendas de alrededor de tu casa.

> Se necesita persona responsable y con experiencia para cuidar a un niño de tres años los viernes por la noche. Horario aproximado: de nueve de la noche a una de la madrugada. Abstenerse menores de 18 años.
> Pago por hora: 800 pesetas. Llamar al 890 76 45 a partir de las cuatro de la tarde.

Ofrecimientos y solicitudes

● Quieres intercambiar correspondencia con un estudiante español y mandas una carta a Radio Exterior de España para que emitan tu petición. Te devuelven la carta pidiéndote que tu mensaje no sobrepase las 25 palabras, dirección aparte.

> *Mi nombre es Pierre, soy un estudiante francés de quince años. Vivo en las afueras de Poitiers y estudio español en el colegio desde hace tres años. Me gustan todos los deportes, sobre todo el baloncesto. También me gustan la música (¡moderna, claro!) y el cine (las películas de ciencia ficción son mis preferidas). Leo bastante poco, sólo lo que me mandan en el colegio, pero me gusta mucho escribir cartas. Soy muy extravertido, nada tímido, y me encanta conocer a gente de otros países. Querría que me escribiera algún chico español de mi edad. Mi dirección es: Pierre Soulet. 17, rue de la Pompe. 60980 Poitiers (France).*

Resumen

> *Estudiante francés de español, quince años, aficionado a los deportes, música y cine, interesado en otras culturas, querría mantener correspondencia con español de edad parecida. Pierre Soulet. 17, rue de la Pompe. 60980 Poitiers (France).*

● Has comprado el libro equivocado y propones un intercambio a algún estudiante extranjero.

> *Cambio curso de español, nivel elemental, con cuadernos de ejercicios y cintas sin usar, por curso de nivel intermedio. Dejar recado en el contestador automático: 278 90 40*

Avisos y comunicados

• Te has encontrado unas llaves y un paraguas y redactas una nota para el tablón de «cosas perdidas» de tu oficina.

> *Encontrado llavero de cuero con incrustaciones metálicas y paraguas negro de caballero en los lavabos de la 2.ª planta. El despistado dueño puede recoger sus posesiones en la sección de contabilidad durante las horas de oficina. Preguntar por Mario Cinque. ¡No se exigirá recompensa!*

• Formas parte del comité de la residencia de estudiantes que organiza la fiesta de la primavera y colocas este anuncio.

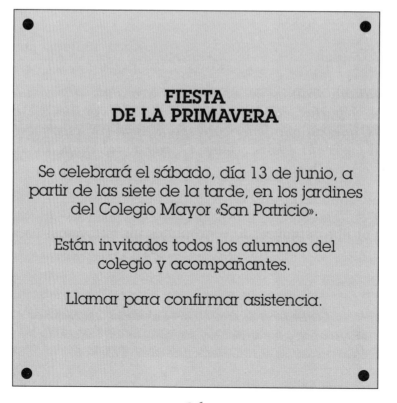

FIESTA DE LA PRIMAVERA

Se celebrará el sábado, día 13 de junio, a partir de las siete de la tarde, en los jardines del Colegio Mayor «San Patricio».

Están invitados todos los alumnos del colegio y acompañantes.

Llamar para confirmar asistencia.

Ofrecimientos

1. Quieres vender una serie de objetos. Para resultar más persuasivo, empareja cada nombre de objeto con alguna de las calificaciones que figuran en la columna de la derecha y redacta el anuncio

cadena musical

reloj de cuco

enciclopedia de las artes marciales

impresora tinta CANON

colchón de plumas

chaqueta de cuero

Historia de la humanidad

magníficas ilustraciones

colección completa

perfecto funcionamiento

de lo más cómodo

a estrenar

aún en garantía

rápida y de fácil manejo

2. Tienes alquilado un piso bastante amplio y quieres compartirlo con otra estudiante, para lo cual pones un anuncio en el periódico. Empieza subrayando las palabras fundamentales del siguiente texto y, a continuación, condénsalo según formato de anuncio.

Me llamo ..... y soy una estudiante de ..... que está pasando este año en España. He alquilado un piso en Barcelona por el que pago 100.000 ptas. El piso es demasiado caro para mí y, como es bastante grande, quisiera compartirlo con otra persona, preferentemente una estudiante española. El piso es precioso, con terraza y todo, y está en un barrio muy céntrico. Tiene dos dormitorios pero, eso sí, un solo cuarto de baño. La cocina es independiente, tiene toda clase de aparatos electrodomésticos y da a una terracita-tendedero de lo más práctica. ¡Ah!, se me olvidaba, al entrar hay un pequeño vestíbulo con un gran ropero donde se puede guardar de todo. Por lo que respecta a mí, soy bastante ordenada. Paso bastante tiempo en casa porque, aparte de mis clases, trabajo para una empresa de exportación haciendo traducciones. Tengo buen carácter y soy muy sociable, pero también soy muy independiente y quiero tener algún espacio para mí sola. Más cosas: tengo veintidós años y no fumo. ¿Te interesaría compartir el piso conmigo durante este curso?

3. Un compañero de clase ha escrito este anuncio y te pide que lo corrijas:

> **¡VÍDEOS!**
> Si queréis compartir de mis vídeos, haceré una copia de unos treinta-cuarenta minutos cuando regreso. Me costará unos meses para hacer, por lo tanto yo voy aceptar peticiones a partir enero '92. Si os interesa, mándame, después enero, un sobre con vuestro dirección y un giro postal de $25.
> **Paul Smith.**

Solicitudes

4. Buscas una ocupación que te dé algún dinero y llamas a una agencia de colocaciones. Te dicen que mandes la solicitud por escrito, a modo de anuncio.

¿CÓMO REDACTAR?

1 Complete **TODOS** los apartados del cupón

2 **CLASIFIQUE** su anuncio en la sección correspondiente

3 Escriba los datos y el texto con letras MAYUSCULAS, claras y legibles

4 Utilice un máximo de 25 PALABRAS por anuncio

5 **AUTOMOVILES:** Indique por este orden: Marca, Modelo, Año/Matrícula, Color, Kms., Extras, Precio

6 **INMOBILIARIA:** Indique por este orden: Calle, Zona o Barrio, Metros cuadrados, Características, Precio

POR CORREO

5. Quieres comprar un coche de segunda mano y redactas el anuncio en el impreso que figura a continuación. Debes dar todos los detalles que te parezcan importantes.

TEXTO (máximo 25 palabras)

_____
_____
_____
_____
_____

Fecha __/__/____   Tfno. o Apdo. de Correos [   ]   Firma:

SECCION Nº [   ]   oferta☐ demanda☐ varios☐   *Los anuncios gratis son sólo para particulares*

LOS SIGUIENTES DATOS NO SE PUBLICARÁN

Nombre y Apellidos _____   Teléfono _____

D.N.I. _____   Dirección _____   C.P. _____

Ofrecimientos y solicitudes

6. Quieres pasar tus vacaciones en España y ofreces un intercambio de casas a través del periódico.

OFREZCO
lugar en Inglaterra
descripción de la casa
tiempo del intercambio
servicios

DESEO
lugar en España
tipo de casa
necesidades

Avisos y comunicados

7. Has perdido tu bolso con algunos objetos valiosos y ciertos documentos importantes y pones un anuncio en el periódico con la descripción del bolso y su contenido.

Perdido bolso de mano ....

Contiene .... Lugar

...., hora aproximada

.... Se gratificará ....

Llamar a cualquier hora al teléf. 670 987.

8. Tú y dos de tus amigos queréis formar un coro entre los compañeros del centro donde estudiáis. Te encargas de citar a todos los interesados a través de un aviso en el tablón de anuncios. Debes indicar:

a) de qué se trata;
b) cuándo será la reunión;
c) cómo pueden ponerse en contacto contigo.

1. Necesitas ciertos objetos para tu dormitorio de estudiante y pones un anuncio en el tablón de «Segunda Mano» de tu residencia.

2. Buscas a alguien que te pase un trabajo a máquina y pones un cartel en el tablón de anuncios del lugar donde trabajas.

3. Te ofreces para cuidar niños o personas mayores durante el verano y pones un anuncio con tu descripción y condiciones.

4. Quieres revender las entradas de un concierto al que no puedes asistir.

5. Has planeado ir en coche a casa durante las vacaciones de Navidad y pones un anuncio para buscar a alguien que te acompañe y comparta contigo los gastos del viaje.

6. Quieres practicar el español y propones un intercambio de conversación a través de un anuncio en el periódico.

7. Encuentras unas gafas tiradas en el ascensor de tu vivienda. Escribes una nota para colocar al lado de los buzones del correo.

IMPRESOS, FORMULARIOS
Y ESCRITOS OFICIALES

◆ Tipos de escrito

Se incluyen aquí escritos con un formato estándar, definido y rígido (cheques, impresos, formularios, encuestas, currículum vitae, instancias, etc.). El receptor de este tipo de manuscritos puede ser un organismo oficial o una entidad privada, de los cuales se requiere algún servicio o prestación. Se trata de aportar la información necesaria sobre uno mismo, en forma de datos personales y profesionales, o sobre determinadas circunstancias o sucesos, para realizar partes y denuncias, solicitudes y peticiones.

◆ Pautas

● Son textos breves, en los que generalmente sólo hay que rellenar los espacios en blanco con los datos que se solicitan: nombre propio y apellidos; dirección; número de pasaporte, de documento de identidad o de teléfono; profesión, nacionalidad o lugar de procedencia.

España	*española*
Estados Unidos	*americana*
Japón	*japonesa*

● Por lo general, se utilizan las mayúsculas para este tipo de datos, y se suele anteponer los apellidos al nombre.

GÓMEZ VAL, ISIDRO

● Para las direcciones se escribe en primer lugar el nombre de la calle seguido del número de la vivienda, y el número del código postal delante del nombre de la ciudad.

FORTUNY, 23
28006 MADRID

● Los datos solicitados a menudo se indican en los impresos mediante abreviaturas o siglas. En el apéndice encontrarás las de uso más corriente.

N.º tel / teléf.	*número de teléfono*
C. P. / D. P.	*Código Postal, Distrito Postal*
D. N. I.	*Documento Nacional de Identidad*
c/c.	*cuenta corriente*

● La fecha se suele indicar utilizando números por el siguiente orden: día, mes y año. Sin embargo, en cheques o en instancias hay que expresar este dato mediante letras, indicando a veces también el lugar.

6-7-1971
Madrid, 8 de agosto de 1987
En Madrid, a veintisiete de octubre de 1993

• Es frecuente el uso del comparativo y el superlativo al expresar opiniones o realizar una reclamación.

Sería mucho mejor que ...
Ha sido el peor viaje ...

• La referencia a uno mismo se suele hacer en tercera persona.

Cursó sus estudios ...
Declara por su honor.

• Los tiempos verbales más comunes son el indefinido y el pretérito perfecto.

Terminó sus estudios en ...
Ha participado en el proyecto ...

Se utiliza asimismo el presente progresivo, en forma no personal, especialmente en las instancias.

Estando destinado en el extranjero ...

• El uso del condicional es frecuente en las solicitudes.

Querría/Desearía ...

• Se suelen utilizar formas pasivas e impersonales, en especial en las instancias o declaraciones.

Le sea concedido ...
Se hace constar ...

• A menudo encontramos oraciones subordinadas nominales como complemento del verbo.

Expone + que ...
Declara + que ...

• Las oraciones adverbiales más frecuentes son las consecutivas, las causales y las finales.

así que ...
ya que ...
a fin de que ...
por tanto ...
puesto que ...
para que ...

Información personal y profesional

• Viajas a España de vacaciones. Como no perteneces a un país de la Unión Europea, en el avión te dan una hoja de inmigración para rellenar con tus datos personales:

Apellidos: *THOMPSON*..

Nombre(s) de pila: *ALICE*..

N.º Pasaporte: *8-7310*...

Sexo: *M*..

Fecha de nacimiento: *7-10-1965*..

Lugar de nacimiento: *EUGENE, OREGON*..

Nacionalidad: *AMERICANA*...

Profesión: *ABOGADA*...

Dirección en España: *HOTEL PLAZA - MADRID*......................................

Firma: *Alice Thompson*

• Eres economista. Estás buscando trabajo y lees un anuncio en el que piden que acompañes tu solicitud con un breve currículum vitae.

CURRÍCULUM VITAE

D. Franz BELZ
Economista
N.º Pasaporte: M-20 982
Fecha de nacimiento: 6-7-1969
Dirección en España: Rey Francisco, 27, 28008 Madrid
Teléfono: 542 29 72

I. Titulación y antecedentes académicos.
   – Licenciado en Ciencias Económicas por la Universidad de Viena. Cursó sus estudios entre los años 1987 a 1992, obteniendo una nota media de sobresaliente. - *Master* en Administración de Empresas por la Universidad de Lancaster (Reino Unido), curso académico 1992/93.

II. Experiencia profesional.
   – Prácticas durante el verano de 1991 en el Gabinete de Asesoría Fiscal de la Empresa Construcciones Tryssen, S. A., en Salzburgo (Austria).

– Empleado con contrato temporal en la sede de esta empresa en Madrid desde octubre de 1993 hasta la fecha.

III. Otros méritos.
– Idiomas que conoce: alemán (lengua materna), inglés (nivel superior: Certificate of Proficiency in English, por la Universidad de Cambridge, junio 1988), español (nivel intermedio).
– Traductor jurado de alemán.
– Conocimientos de informática.

Solicitudes y realización de gestiones

• Vienen a cobrar un recibo a tu casa. En ese momento no tienes dinero y rellenas un cheque. El cobrador te pide que lo hagas «al portador» para que lo pueda cobrar cualquier empleado de la empresa.

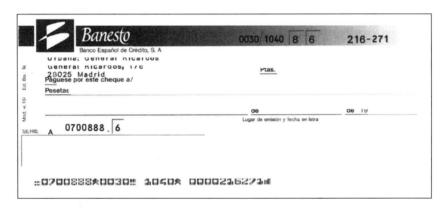

• Quieres mandar una carta por correo certificado. Rellenas el siguiente impreso con tus datos («Remitente») y con los datos de la persona o institución a la que va dirigida la carta («Destinatario»)

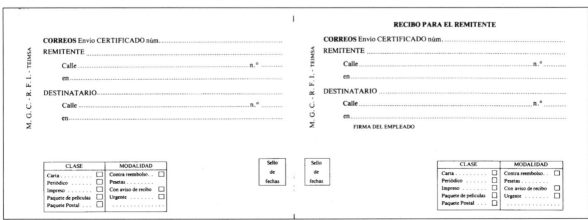

Sugerencias y reclamaciones, partes y denuncias

• Has tenido un accidente con el coche. Tienes que notificarlo al seguro. Rellenas el siguiente impreso de declaración de accidente.

IMPORTANTE: ESTE IMPRESO NO SERA VALIDO SI NO ESTAN CUMPLIMENTADOS PERSONALMENTE POR EL ASEGURADO TODOS LOS DATOS.

LA POLIZA ES (señálese con una X):
- ¿De Riesgos Combinados? ☐
- ¿De Daños a Terceros solamente? ☐
- ¿Se encuentra al corriente de pago? ☐
- ¿Tiene Pólizas de Ocupantes? ☐

CLASE DE ACCIDENTE:
- Colisión entre vehículos ☐
- ¿Firmó al contrario el Parte Europeo o Declaración Amistosa de Accidente? SI NO
- Incendio ☐
- Lesiones ☐
- ¿Ha utilizado la Asistencia en viaje? ☐
- Daños a las cosas o animales ☐

MUTUA MADRILEÑA AUTOMOVILISTA
ALMAGRO, NUM. 9
28010 MADRID
TELEFONO: 319 85 48
(Centralita para todos los servicios)

DECLARACION DE ACCIDENTE
(Rellénese preferentemente a máquina)

ADVERTENCIAS DE INTERES

1.º Toda declaración de accidente debe ser presentada antes del plazo de siete días.

2.º Cada accidente debe ser declarado en impreso separado.

3.º Este impreso deberá ser cumplimentado y firmado por el propio asegurado.

HORAS DE OFICINA:
Lunes a viernes: de 8 a 15
Sábados: de 8 a 14

NUMERO DE POLIZA	MATRICULA DEL VEHICULO	MARCA Y MODELO	CLASE	COLOR

Nombre del Asegurado .... Teléfono ....
Domicilio .... Población .... Provincia .... C. P. ....

DATOS DEL CONDUCTOR DEL VEHICULO ASEGURADO

Nombre del conductor vehículo asegurado ....
Domicilio .... Población .... Provincia .... C. P. ....
Estado civil .... Profesión .... Edad .... Fecha de nacimiento ....
Permiso de conducción: Clase .... N.º .... Exped. fecha .... Renov. fecha ....
Relación con el asegurado ....

DATOS DEL ACCIDENTE

Fecha del accidente: Día .... Mes .... Año .... Hora ....
Calle o lugar .... Ciudad ....
Provincia .... Carretera .... Punto Km. ....

¿Se juzga usted culpable del accidente?

DATOS VEHICULO CONTRARIO (B)

Matrícula .... Marca y modelo .... Clase .... Color ....
Nombre del conductor .... Domicilio ....
Nombre del propietario .... Domicilio ....
Entidad Aseguradora .... Núm. de Póliza .... Clase de seguro ....

DATOS VEHICULO CONTRARIO (C)

Matrícula .... Marca y modelo .... Clase .... Color ....
Nombre del conductor .... Domicilio ....
Nombre del propietario .... Domicilio ....
Entidad Aseguradora .... Núm. de Póliza .... Clase de seguro ....

Daños a las cosas o animales ....

NUMERO DE POLIZA	MATRICULA DEL VEHICULO	MARCA Y MODELO	CLASE	COLOR	METALIZADO
					SI NO

Daños que, por consecuencia de este accidente, se aprecian en el vehículo asegurado y señálelas en el gráfico:
....
....
....

Este volante, una vez validado por Mutua, deberá entregarse al taller que haya de encargarse de la reparación de los daños, para que éste lo presente juntamente con la factura de cobro.

Los trabajos de reparación no comenzarán hasta que el perito haya reconocido el vehículo y dado conformidad a los precios.

CONSIDERE LAS MULTIPLES VENTAJAS DE REPARAR SU VEHICULO EN LOS TALLERES CONCERTADOS.

G.M. Mod. 8

Instancias, declaraciones juradas y certificaciones

• Vienes a hacer un curso de verano de Español para Extranjeros en una universidad española. Esta universidad ofrece otros cursos que te interesan, pero como ya se ha pasado el plazo de matrícula tienes que rellenar una instancia solicitando permiso para matricularte.

Dña. Lucy CHAUDRON, con n.º Pasaporte MS-74 445, N.º Teléf. 542 93 35, y con domicilio en esta capital, c/ Narváez, 9, provincia de MADRID, C. P. 28009.

EXPONE: Que estando matriculada en esta Universidad en el Curso de Español para Extranjeros, nivel avanzado, y deseando realizar el Curso de Literatura Española Contemporánea que se ofrece dentro del programa de los Cursos de Verano, cuyo plazo de matrícula ya ha finalizado,

SOLICITA: Le sea concedido permiso para matricularse en dicho curso.

Madrid, seis de julio de 1993

ILMO. SR. DIRECTOR CURSOS DE VERANO. UNIVERSIDAD DE MADRID.

• Eres traductor jurado. Te piden que hagas la traducción de un certificado de estudios. Tienes que certificar que la traducción que has hecho es literal. Escribes el siguiente certificado.

D. Franz BELZ, Traductor Jurado, con n.º Pasaporte: M-20 982, y con domicilio en Madrid, c/ Rey Francisco, 27, C. P. 28008,

CERTIFICA que lo que sigue es traducción literal y fiel del original, que consiste en un Certificado de Estudios.

Y para que conste, firmo y sello en Madrid, a diez de octubre de 1993.

Información personal y profesional

1. Has solicitado una beca de estudios de posgrado en una universidad española. Tienes que rellenar el siguiente impreso normalizado de currículum vitae.

a) **Datos personales**

APELLIDOS:..

NOMBRE: .... SEXO: ....

D. N. I.: .... FECHA NACIMIENTO: ....

DIRECCIÓN PARTICULAR:...

DISTRITO POSTAL: .... TELÉFONO:...................................

b) **Formación académica**

LICENCIATURA/INGENIERÍA:..

UNIVERSIDAD: ....

FECHA DE TERMINACIÓN DE LOS ESTUDIOS: ....

CALIFICACIÓN MEDIA: ....

DOCTORADO: ....

UNIVERSIDAD: ....

TÍTULO DE LA TESIS: ....

....

FECHA DE LA LECTURA: ....

CALIFICACIÓN:..

OTRAS TITULACIONES:...

....

....

BECAS:...

....

c) **Actividades de carácter científico o profesional**

FECHAS	PUESTO	INSTITUCIÓN
....	....	....
....	....	....
....	....	....

d) **Idiomas de interés científico** (R=regular, B=bien, C=correctamente)

IDIOMA	HABLA	LEE	ESCRIBE
....	....	....	....
....	....	....	....
....	....	....	....

41

e) **Publicaciones**

Indicar volumen, páginas inicial y final, año y clave.
Clave: L=libro, CL=capítulo de libro, A=artículo, E=editor
AUTORES:...
TÍTULO:..
EDITORIAL:..
REF. REVISTA/LIBRO: .... CLAVE:..................

f) **Conferencias y congresos**

TÍTULO:..
ACTO:...
LUGAR DE PRESENTACIÓN: .... AÑO:......................

g) **Otros méritos**

....

....

EXCMO. SR. RECTOR MAGFCO. DE LA UNIVERSIDAD.................

Solicitudes y realización de gestiones

2. Has encontrado un anuncio en el periódico de un producto que te interesa comprar. Rellena el impreso con tus datos y la forma de pago que desees.

REF. 30-444 17 89 Contestador Automático Dyssan

P. V. P. 45.000 + Gastos de envío 650 = Total 46.650
Apellidos .... Nombre ....
Calle .... N.º.......... Piso ....
Localidad .... Provincia .... C. P. ....

Teléfono .... ESTE DATO ES IMPRESCINDIBLE PARA CURSAR SU PEDIDO.

FORMA DE PAGO
○ Contra reembolso   ○ Tarjeta de crédito   ○ Cheque
N.º tarjeta ....
Fecha de caducidad ....
Firma ....

Sugerencias y reclamaciones, partes y denuncias

3. Has hecho un viaje en tren. Un empleado de la compañía te entrega este folleto-encuesta para que hagas sugerencias o reclamaciones.

Estimado cliente:

Renfe y Wagons - Lits están procediendo a la realización de un cambio en los servicios de a bordo de los trenes de largo recorrido con el fin de mejorar y procurar mayor satisfacción a los usuarios del ferrocarril. Dicho cambio ha de pasar necesariamente por un periodo de adaptación que puede conllevar alguna deficiencia, siempre ajena a nuestra voluntad de procurarle la mayor satisfacción.

Si durante su viaje observa vd. algún defecto o inconveniente en el servicio prestado, le rogamos nos disculpe en esta primera etapa y le agradeceríamos muy sinceramente que nos haga sus sugerencias o reclamaciones. Para ello utilice el dorso de esta hoja, que una vez relleno puede depositar en cualquier buzón de correos, sin necesidad de franquearlo.

Esperamos contar con su confianza y le aseguramos que nos esforzaremos en procurarle la mejor atención.

Muchas gracias.

El Director General de Wagons - Lits

- -

Fecha_____ Trayecto - Tren_____

COCHE - CAMA ☐   LITERA ☐   1.ª CLASE ☐   2.ª CLASE ☐

Observaciones:_____

_____

_____

_____

_____

_____

Nombre_____

Dirección_____ Provincia_____ C.P._____

4. Has sido víctima de un robo. Te diriges a la comisaría de policía más próxima para denunciarlo. Te piden que rellenes el siguiente impreso de denuncia.

```
        MINISTERIO DEL INTERIOR
     DIRECCIÓN GENERAL DE LA POLICÍA
        COMISARÍA DE CHAMBERÍ              Fecha_____


        DENUNCIA por extravío o sustracción de documentos / dinero /
                 efectos.

        DILIGENCIA.- Se extiende a las_____horas del día de la fe-
        cha, ante el Funcionario con carnet profesional num._____
        para hacer constar:

   1.- DENUNCIANTE.  ( Rellene con letra clara o mayúsculas )

        Apellidos_____ Nombre_____

        Nacido en_____ Provincia_____

        en fecha_____, hijo de_____ y de_____

        Domicilio_____ num._____

        Provincia_____ Teléfono/s_____

   2.- CIRCUNSTANCIAS DEL HECHO. ( Señale con X según se trate de )

        (   ) - Extravío.
        (   ) - Sustracción. ( Sin referencia de autor/s )

        Lugar del hecho_____ Fecha_____ Hora_____
        Calle_____

   3.- DOCUMENTOS / DINERO / EFECTOS SUSTRAIDOS O EXTRAVIADOS.
        ( Señale con X según se trate de )

        (   ) Dinero en efectivo_____
        (   ) D. N. I. num._____ expedido el_____
        (   ) Pasaporte num._____expedido el_____
        (   ) Permiso de Conducir num._____ Clase_____
        (   ) Tarjeta de Residencia (Extranjeros)_____
        (   ) Cartilla Médica num._____ Entidad_____
        (   ) Documentación del vehículo matrícula_____
        (   ) Tarjetas de Crédito_____
              _____
        (   ) Talonarios de Cheques_____
        (   ) Otros documentos o efectos_____
              _____
              _____

        EL FUNCIONARIO                          EL DENUNCIANTE




        DILIGENCIA DE REMISIÓN A_____

        _____

                                            M A D R I D
                                            ============
```

5. Estás de viaje por España. Dejas tu coche aparcado en la calle por la noche. A la mañana siguiente ves que te han roto las lunas de las dos puertas delanteras y te han pinchado las ruedas. Además te han robado el radiocasete. Rellena la siguiente declaración de daños para el seguro.

IMPORTANTE: ESTE IMPRESO NO SERA VALIDO SI NO ESTAN CUMPLIMENTADOS PERSONALMENTE POR EL ASEGURADO TODOS LOS DATOS.

DECLARACION DE DAÑOS SIN CONTRARIO
(RELLENESE A MAQUINA O BOLIGRAFO POR SER PAPEL COPIATIVO)

ALMAGRO, 9
28010 MADRID

POLIZA

MATRICULA

MARCA _____
MODELO _____
COLOR _____

NOMBRE Y APELLIDOS DEL ASEGURADO _____
DIRECCION _____
CIUDAD _____ C.P. _____ TELEFONO _____
FECHA EN QUE SE CAUSARON LOS DAÑOS ___ / ___ / ___ HORA _____

PROVINCIA EN QUE OCURRIO (VER CLAVE AL DORSO) ☐☐
CIUDAD _____ CALLE _____
CARRETERA _____ PUNTO KILOMETRICO _____

NOMBRE Y APELLIDOS DEL CONDUCTOR _____ EDAD _____
NUM. CARNET CONDUCIR _____ EXPED. FECHA _____ RENOV. FECHA _____

CLASE DE ACCIDENTE: ROBO ☐ SIN CONTRARIO ☐ ROTURA DE LUNAS ☐

DESCRIBA DE FORMA CLARA COMO SE PRODUJO EL ACCIDENTE _____

DESCRIBA DE FORMA PRECISA LAS PIEZAS DAÑADAS Y SEÑALELAS EN EL GRAFICO:

TALLER REPARADOR _____ CLAVE TALLER / /

(*) IMPRESCINDIBLE, ADEMAS, LA FIRMA DEL ASEGURADO. SI ES ENTIDAD JURIDICA, LA FIRMA DEL REPRESENTANTE Y SELLO DE LA MISMA.

EN _____ A ___ DE _____ DE 19 ___
EL ASEGURADO (*)

CONSIDERE LAS MULTIPLES VENTAJAS DE REPARAR SU VEHICULO EN LOS TALLERES CONCERTADOS.

Instancias, declaraciones juradas y certificaciones

6. Estás estudiando en una universidad española. Te ha salido un trabajo para dar clases de inglés en una empresa, pero el horario es de mañana y te coincide con tus clases. Haces una instancia solicitando permiso para cambiarte al turno de noche en la universidad. Reescribe la instancia en tercera persona, utilizando las formas verbales apropiadas y haciendo las modificaciones necesarias:

D./Dña.
con n.º D. N. I./Pasaporte .... , N.º teléf. ....
y con domicilio en .... , c/ ....
.... , provincia de ....
C. P. ....

EXPONE: Que estoy matriculado/a en el curso de tercero de Filología Española en el turno de mañana, que he encontrado trabajo para dar clases de inglés en una empresa por las mañanas, pero el horario me coincide con el de mis clases.
SOLICITA: Me conceda permiso para cambiarme al turno de noche.

Madrid, ... de .... de ....

ILMO. SR. DECANO. FACULTAD DE FILOLOGÍA.
UNIVERSIDAD DE ....

7. Necesitas una convalidación de estudios para que te reconozcan tu título universitario. Te piden que, junto con las fotocopias de los certificados correspondientes, entregues una declaración jurada indicando que los datos de los documentos que entregas son exactos y ciertos. Completa esta declaración jurada.

D./Dña. ....
...., con n.º Pasaporte ....
y con domicilio en .... , c/ ....
...., C. P. ....

DECLARA POR SU HONOR

Que ....
....

En .... , a .... de .... de ....

1. Deseas venir a vivir a España y necesitas encontrar trabajo. Escribe tu currículum para mandarlo junto con tu solicitud de empleo.

2. Has ido a comer a un restaurante. El servicio ha sido pésimo y los precios en la cuenta son distintos de los que figuran en la lista de precios. Pides el «Libro de Reclamaciones» y rellenas una hoja con tus datos y los motivos de la reclamación.

3. Te han puesto una multa de tráfico por exceso de velocidad cuando viajabas por una carretera nacional. Crees que no está justificada porque no habías sobrepasado el límite de velocidad que marcaban las señales de tráfico. Escribe una instancia solicitando que te devuelvan el dinero de la multa.

4 CARTAS PERSONALES

◆ Tipos de escrito

Se incluyen aquí cartas, tarjetas, postales y fax dirigidos a familiares, amigos o conocidos. Según el grado de familiaridad que se tenga con la persona a la que se dirige uno, se escribirán en un estilo más o menos informal. Estas cartas pueden tener un contenido muy variado: desde acontecimientos concretos o experiencias personales hasta instrucciones, explicaciones, felicitaciones, aclaraciones o peticiones de muy diversa índole. Son posibles todos los tipos de discurso.

◆ Pautas

• El pronombre de tratamiento es «tú» (plural «vosotros» en la norma castellana) si el receptor de la carta es un amigo o alguien de la familia.

• En las postales y en los fax puede faltar el encabezamiento. En las cartas, lo corriente es:

> *Querido + el nombre propio*

• En este tipo de cartas se utilizan a menudo expresiones coloquiales y se intenta en muchas ocasiones reproducir la lengua oral recurriendo a los distintos signos ortográficos o reproduciendo lo enunciado por otros en estilo directo. También pueden contener abreviaturas particulares y otras características de la grafía personal.

- Expresiones para calificar:

> *el pobrecito*
> *limpísimo, superfácil*
> *como de cuento, de lo más agradable*

- Expresiones de admiración:

> *¡qué estupendo!, ¡es para no creerlo!*

• En caso de que nos dirijamos a una persona menos cercana, utilizaremos el pronombre «usted» y en el encabezamiento pondremos:

> *Estimado/Querido amigo o Estimado Sr./profesor/doctor ...*

• En las cartas se utiliza a menudo el llamado «condicional de cortesía» para formular una petición:

> *me gustaría/querría/le (te) agradecería que me escribiera(s)*
> *¿podría(s) decirme ...?*
> *¿sería(s) tan amable de enviarme ...?*

Descripciones y narraciones

- Estás de viaje y mandas una postal a tus amigos españoles.

> Hola! Sólo llevo dos días en este sitio maravilloso y tengo que contaros lo que he encontrado: un pueblecito tranquilo como de cuento, una casa de lo más agradable, una playa limpísima y con tan poca gente que es para no creerlo. En fin, que os escribo para daros envidia y para que os animéis a venir.
> Besos a todos,
>
> Karen.

- Escribes una carta a un amigo español contándole tu viaje de vuelta a casa.

> Querido Luis:
>
> No te puedes imaginar lo que ha sido mi viaje de vuelta. Salí de Málaga en el coche de Richard y cuando estaba a la altura de Despeñaperros me quedé sin batería. Como la avería era complicada y el arreglo iba a llevar tiempo, me subí a un autobús que se dirigía a Madrid y allí tuve que pasar una noche. Sólo pude encontrar billete en tren hasta Irún, con lo cual perdí allí otro día. Después me dirigí a París —de nuevo por tren— y finalmente tomé otro autobús hasta Amiens. Como ves, he tardado en llegar a casa tres días. ¡Todo un récord! Escríbeme contándome cómo fue tu viaje de vuelta. Un abrazo,
>
> Pierre.

Información personal y profesional

• Escribes una carta a la señora de la casa donde quieres alojarte a cambio de ocuparte de sus hijos pequeños.

Hamburgo
10 de julio, 1993

Estimada Sra. Olmos:

Me llamo Gerda y vivo en Hamburgo. Tengo 22 años y estudio segundo curso de universidad. Estoy muy interesada en la lengua y la cultura españolas y ésa es la razón por la que querría pasar un año en España.

A través de la agencia «Exchange» en Alemania he conocido la oferta de intercambio que Vd. les ha enviado y quisiera proponerme para el puesto.

Me gustan mucho los niños y creo que soy paciente con ellos. Por otro lado, puedo asegurarle que soy una persona de toda confianza y que me tomo el trabajo con gran seriedad.

En espera de sus noticias, se despide de Vd. atentamente,

Gerda Mühler

Ruegos y peticiones de información

• Vas a hacer un viaje por España y pides cierta información a una antigua profesora.

Summerville
20 de mayo, 1992

Estimada amiga:

Por fin le hago caso y he decidido ir a conocer el País Vasco. No viajo a través de agencia y por eso le pido que me dé alguna información. Llegaré a Madrid por avión y de ahí me dirigiré a Burgos. ¿Cree que es mejor hacer ese recorrido por tren o en autobús? Pienso quedarme en Burgos unos tres días y me gustaría que me indicara los lugares que debo visitar aparte de la catedral. También querría que me recomendara alguna excursión por los alrededores que merezca la pena: sitios donde no vayan demasiados turistas. Imagino que habrá más de un buen restaurante, pero ¿sería tan amable de enviarme la dirección de alguno especialmente bueno? Después me pararé en Vitoria. ¿Sigue viviendo allí el profesor Bernárdez? Si tiene su teléfono, le agradecería que me lo enviara. Mi tercera parada será ya en el País Vasco, en algún pueblo pequeño de la costa donde encuentre un hotel tranquilo (¡y no caro!) para descansar unos días. ¿Me podría aconsejar algún sitio de este estilo? Muchas gracias de antemano por su ayuda.

Recuerdos a su familia y un saludo con afecto para Vd.,

Margaret.

• Le pides por fax a un amigo que te suscriba a una revista española.

> Alberto: Necesito que me suscribas a partir de enero a la «Revista Española de Literatura Comparada» que edita tu universidad desde hace un año. Dime cuánto es la suscripción anual y te mandaré un cheque la próxima semana. Muchas gracias. Voy a España dentro de poco. ¿Necesitas algo de aquí? Hasta pronto. Un abrazo, Michel.

Instrucciones

• Recibes una carta de un amigo español en la que te dice:

> Muchísimas gracias por tu invitación; llegaré a mediados de mes y me quedaré una semana como máximo. ¿Podrías indicarme cómo llegar a tu casa?

Le contestas explicándole cómo llegar desde el aeropuerto.

> París
> 15 de septiembre, 1993
>
> Querido Miguel:
>
> Estaré encantado de tenerte en casa todo el tiempo que quieras, pero no tengo coche y no podré ir a buscarte. Toma el autobús del aeropuerto (no te equivoques: es rojo), ve hasta la terminal y coge allí el metro, dirección Clichy. Bájate en la estación de La Fourche: mi calle está a dos manzanas de esa boca de metro. ¡No te despistes!
>
> Un abrazo y hasta pronto,
>
> Jean.

• Tu amiga Clara te ha pedido la receta de la mermelada de tomate y se la envías por carta.

> Querida Clara:
>
> Ahí va la receta que me pides: se cortan los tomates (1 kg) en trozos y se les quita la simiente. Se ponen en una sartén a fuego mediano durante 15 m. A continuación, se machacan con el canto de una espumadera y se pasan por el pasapurés. Se vierte el tomate en un cazo y se le añade el azúcar (1/2 kg) y el zumo de un limón. Se deja cocer a fuego lento más o menos 1/2 h, según te guste de espesa la mermelada. Como ves, de lo más fácil. ¡Espero que te salga bien! Perdona por esta carta tan apresurada, pero te escribo desde el trabajo y tengo poco tiempo.
>
> Muchos besos, Brenda.

Disculpas y explicaciones

• Un antiguo profesor, el Dr. García-Bueno, te ha pedido cierta información y no se la has mandado todavía. Le envías un fax disculpándote.

> DE: William
> A: Dr. García-Bueno
>
> Siento enormemente no haber hecho aún su encargo, pero he estado fuera de Londres durante toda esta última semana. Le pido que me disculpe. Hoy mismo me he puesto a buscarle los datos que me pidió y espero tener todo listo para el lunes que viene. Perdón por el retraso.
>
> Un cordial saludo,
>
> William.

Opiniones, comentarios y sugerencias

• Estás en el colegio y le escribes una carta a una amiga extranjera con la que te entiendes en español.

Hola, Gerda: Ahora estamos en clase de español y es superfácil. Íbamos a pedir a la profe que nos dejara estudiar mates y no hemos podido pq. ha llegado de lo más enfadada diciendo que los exámenes son desastrosos, pero no los ha devuelto. Después tenemos física, veremos si nos dejan estudiar, pq. si no, me veo así:

yo →

Marcos acaba de soltar una gracia tontísima pero sólo se ha reído él. Pobrecito, se ríe de sus propias gracias. Bueno, espero que te haga ilusión mi carta. Por cierto, ¿cuándo vuelves por clase? ¡Qué vaga eres! Adiós,

Elizabeth.

• Has estado en un país extranjero durante las vacaciones y escribes a un amigo español comparando a la gente de allí con la de tu país.

Heidelberg
18 de diciembre, 1991

Querido Antonio:

Llevo aquí ya una semana y creo que no exagero si te digo que tengo una idea bastante clara de cómo es este pueblo. Por lo pronto, son mucho más cívicos que mis compatriotas: se preocupan mucho más de la limpieza de sus ciudades, son menos ruidosos que nosotros y conducen con mayor precaución. Lo que más les importa en este momento es la protección del medio ambiente, y se habla tanto de ecología que parece como si no existiera otra preocupación más seria en el mundo. En cambio, creo que son menos solidarios que nosotros con la gente desprotegida y, en el terreno personal, resultan algo más distantes que la gente mediterránea. En fin, no quiero pasarme de filósofo así que me despido ya. Un abrazo con cariño,

Albert

Agradecimientos

• Mandas una tarjeta elogiando el regalo que te han enviado los padres de una amiga y dando las gracias:

> Queridos amigos:
>
> Acabo de recibir el maravilloso estuche de cuero. ¡Qué regalo más estupendo! Es precioso y de lo más útil. No saben cuánto les agradezco que se hayan acordado de mi cumpleaños. Mi agradecimiento más sincero a los dos.
>
> Un saludo con todo mi afecto,
>
> Natalia.

Felicitaciones

• Una amiga española se acaba de casar y le escribes una tarjeta felicitándola:

> Queridísima Luisa:
>
> No me puedo creer que te hayas casado. ¡Tú que eras tan contraria al matrimonio! La verdad es que me alegro muchísimo por ti y te felicito de todo corazón. A ver si me mandas fotos de la boda para que vea lo guapa que estabas. Mi enhorabuena para ti y para Carlos. Besos,
>
> Claire.

Narraciones y descripciones

1. Describes a la familia que te aloja utilizando las expresiones calificativas que aparecen a continuación:

–de lo más simpática –un poco distante –muy seria
–algo pesado –no muy hablador –supertímida
–amabilísimo –enormemente cariñoso –bastante antipático

2. Describe un pueblo de una postal utilizando las siguientes palabras:

magnífico panorama / cerca de aquí / muy empinadas / diminuto / en lo alto / único / en la ladera de una montaña / de lo más pintoresco.

¡Hola a todos!

Finalmente decidí venirme al sur. Estoy en el lugar que veis en la postal. Es un pueblecito .... que está colocado .... Sobresale .... una antigua torre de vigilancia desde la que se contempla un .... sobre el mar. Sus calles son .... y en conjunto el pueblo resulta .... hay un bosque de pinsapos, ... en España. ¿Por qué no venís a ver todas estas maravillas?

Besos, Laura.

3. Has visto una película que te ha interesado y se la cuentas por carta a un amigo valiéndote del siguiente resumen del periódico:

CINE. «Tan lejos, tan cerca», México, 1987. Dirección: Óscar Garza. El más allá. ¿Qué es el cielo? ¿Hay una vida después de la muerte? ¿Tiene miedo a morir? ¿Hay amor en el cielo? Todas estas preguntas y muchos más interrogantes son el motivo de esta gran película.

4. Estás de viaje y envías una postal a tu amiga Flora donde le cuentas:

   a. Algunas de las cosas que te han ocurrido en el viaje.

   b. Cómo planeas continuar el viaje.

Información personal y profesional

5. La familia que te va a alojar mientras asistes a un curso de español ha insistido por carta en ir a buscarte al aeropuerto. Escribes una carta a la señora de la casa comunicándole la siguiente información:

   a. número de vuelo y hora de llegada.

   b. tu descripción física.

   c. ropa que llevarás ese día o cualquier otro dato que sirva para reconocerte.

6. El siguiente anuncio del periódico te llama la atención y decides escribir a ese «estudiante español».

> Estudiante español, 23 años de edad, matriculado en la Universidad Politécnica, 4.º curso de Arquitectura. Muy interesado en planificación urbanística. Amante del deporte, la música de toda clase y el cine americano. Querría conocer a estudiante extranjera de edad parecida. Escríbeme contándome cómo eres, a qué te dedicas y cuáles son tus gustos. Prometo contestar. Apdo. Correos 1243, Valencia (España).

Ruegos y peticiones de información

7. Rellena en esta carta los huecos con las fórmulas apropiadas para hacer una petición:

> Querido Pepe:
>
> Como ya te dije, me examino el mes que viene del diploma de español y .... pedirte algún favor. .... que me recomendaras una buena gramática para preparar el examen y, si tienes tiempo, que me enviaras un buen diccionario de español ...., envíamelo a mi dirección del Instituto. Además, ¿.............. aclararme algunas dudas sobre el uso del subjuntivo?

Instrucciones

8. Un amigo quiere copiar en un disquete el trabajo que ha ido escribiendo con su ordenador, pero te dice por carta que no entiende bien las instrucciones del manual. Le escribes una carta con estas instrucciones ordenadas en su secuencia lógica.

Responder con s (Sí) / Pulsar tecla de «fin» / Guardar el disquete en su funda con una etiqueta identificadora / Pulsar tecla de «inicio» / Aparecerá un mensaje que preguntará si quiere copiarlo / Sacar el disquete copiado / Introducir el disquete que quiere copiar.

Disculpas y explicaciones

9. Te marchas de excursión el fin de semana y recibes de pronto el siguiente fax de un amigo. Le envías a tu vez un fax disculpándote por no poder alojarle en casa.

Llegaré el viernes por la noche. Gracias anticipadas por tu hospitalidad. Hasta pronto.

Opiniones, comentarios y sugerencias

10. Has recibido esta carta de una amiga y, tal como te pide, le escribes a su hermano contándole lo que ella dice.

Vigo
5 de octubre, 1992

Querido Luigi:

Estoy muy disgustada (y hasta preocupada) porque mi hermano no me ha escrito desde hace dos meses. ¿Sabes tú que le ocurre? Antonio suele escribirme con regularidad cuando está fuera. ¿Estará enfadado conmigo por la discusión que tuvimos antes de marcharse? ¿Por qué hacer de eso una pelea? Cada cual tiene sus ideas sobre política, y el cariño y la amistad son otra cosa. Las cosas más importantes de la vida, en mi opinión. Te cuento esto a ti porque sé que sois muy buenos amigos y te pido que le escribas contándole mi disgusto por su silencio. Te agradezco de antemano tu ayuda. Recibe un fuerte abrazo de,

Cristina

11. En esta carta faltan las expresiones que indican opinión o sugerencia y debes incluirlas.

Querido Mario:

Acabo de regresar de un viaje por el norte de mi país y .... que me he quedado horrorizado con el deterioro del medio ambiente. .... , como no se ponga remedio a tanto destrozo, nuestra calidad de vida se irá degradando a pasos agigantados. Es más, ... que si seguimos contaminando el ambiente, la vida en nuestro planeta pronto correrá serio peligro. .... que con que nos hubiéramos preocupado un poco por conservar nuestro entorno, no tendríamos ahora que plantearnos algo tan vital como la propia habitabilidad de nuestro planeta. ¿Cómo .... tú las cosas desde allí?

---

12. Le comentas a tu amiga Susana por qué estás castigada sin salir. Algunas de las oraciones de esta carta están sin terminar y debes completarlas:

Querida Susana:

Como ya te dije, este fin de semana no voy a salir. Mis padres están furiosos conmigo porque ....
A mí me parece absurdo: soy ya lo suficientemente mayor como para .... Creo que los padres no se acostumbran a nuestros horarios dado que en su época .... Por otra parte, en mi opinión, los castigos .... Cuando yo tenga hijos, no pienso ....
Bueno, la verdad es que ahora no tengo más remedio que .... Espero que me levanten el castigo y que el próximo fin de semana podamos ....

Agradecimientos

13. Escribes al profesor Bolaño después de leer en la carta de un amigo lo siguiente:

> ... Creo que con lo bien que se ha portado el profesor Bolaño contigo, y después de haberte dedicado tanto tiempo cuando estuviste en Zaragoza, deberías escribirle dándole las gracias...

Felicitaciones

14. Has escrito esta tarjeta a una amiga felicitándola por el niño que acaba de tener, pero le faltan los signos de puntuación y debes ponérselos.

> *Querida Laura me acabo de enterar por María de que has tenido un niño me alegro tanto que no quiero dejar de ponerte unas líneas mi enhorabuena a ti y a tu marido me encantaría que me enviaras fotos del bebé ya sabes que si necesitas algo de aquí estaré encantada de enviártelo siempre me habías dicho que los pijamas eran mejores que en tu país quieres que te mande alguno estaré encantada de hacerlo otra vez muchísimas felicidades todo mi cariño*
>
> *Berta.*

1. Estás de vacaciones en un pueblo y le envías una postal a un amigo describiéndole el lugar y contándole tus impresiones de la gente que has conocido.

2. Has estado viajando en tren por Europa y cuentas a un amigo las cosas que te han ocurrido durante el viaje.

3. La abuela de una amiga tuya alquila cuartos a estudiantes extranjeros y le escribes para ver si tiene alguno disponible. Como no te conoce personalmente, le das todos los datos que te parezcan relevantes sobre tu persona.

4. Vas a visitar a una amiga y le preguntas por carta qué tiempo hace en su país durante el verano y qué tipo de ropa necesitas llevar.

5. Envías a un amigo un radiocasete y, como las instrucciones del folleto no están en español, le explicas por carta cómo utilizar el aparato.

6. Has vuelto a tu país y, al deshacer la maleta, encuentras la llave del piso que habías alquilado durante tu estancia en España. Escribes a tu antiguo casero disculpándote por el despiste.

7. Escribes a un amigo comparando lo que haces el fin de semana en España con lo que solías hacer en tu país.

8. No te han dado el puesto de trabajo que habías solicitado en un colegio y le escribes a un antiguo profesor criticando la forma en que se selecciona el profesorado en tu país.

9. Una amiga te ha enviado unos libros que le habías pedido y le escribes una carta dándole las gracias.

10. Los padres de un amigo acaban de celebrar sus bodas de oro y les escribes felicitándoles.

5: CARTAS A EMPRESAS E INSTITUCIONES

◆ Tipos de escrito

Se incluyen aquí cartas y otro tipo de escritos dirigidos a empresas, instituciones u organismos oficiales, así como cartas a periódicos. El registro es formal y el estilo suele ser más objetivo que el empleado en las cartas personales a amigos o conocidos.

63

◆ Pautas

• El pronombre de tratamiento es siempre «usted». El encabezamiento no suele faltar y las distintas fórmulas dependen del grado de formalidad que sea oportuno en cada caso:

> *Estimado amigo*
> *Apreciado/Distinguido Sr. García*
> *Muy Sr. mío*

• Las fórmulas de despedida son muy variadas:

> *Reciba Vd. nuestro más atento saludo*
> *Un cordial saludo*
> *Atentamente*

• En el caso de las cartas oficiales y comerciales, es frecuente el recurso a ciertas fórmulas fijas.

  - Introductores del discurso:

> *por lo que respecta a, en cuanto a, en atención a*

  - Fórmulas de cortesía:

> *me permito ..., le(s) estaría muy agradecido si ..., le(s) ruego que ...*

Sra. Dña. Blanca Sánchez
Directora de Personal
INTERSA, S. A.
Buenavista, 3
2387 Tarrasa

Praga
15 de septiembre de 1993

Estimada Sra.:

....

....

....

....

....

....

....

Atentamente,

Petr Kosik
Mala Strana, 25
3457 Praga

Información personal y profesional

• Lees un anuncio de trabajo en el que piden que se acompañe la solicitud con una descripción de la trayectoria profesional del candidato.

Sr. Don Justo García Ramos
Depto. Recursos Humanos
BNH

                                    Madrid, 3 de marzo de 1994

   Muy Sr. mío:

   Mi nombre es Franz Belz. Tengo 24 años y soy de nacionalidad austriaca, pero resido en España desde octubre de 1993.

   Por lo que respecta a mis antecedentes académicos, soy licenciado en Ciencias Económicas por la Universidad de Viena, donde obtuve mi diploma el año 1992 con una nota media de sobresaliente. Además de esta titulación, en junio de 1993 recibí el grado de *master* en Administración de Empresas por la Universidad de Lancaster.

   En cuanto a mi experiencia profesional, he realizado prácticas en el Gabinete de Asesoría Fiscal de la empresa «Tryssen, S. A.» (sede en Salzburgo) durante el verano de 1991. Desde 1993 hasta la fecha estoy contratado en régimen temporal por esta misma empresa en su sede de Madrid.

   Por último, creo oportuno hacer constar que tengo un buen conocimiento de la lengua inglesa y que me manejo sin dificultad en español.

   Sin otro particular, se despide atentamente,

                    Franz Belz

                    Franz Belz
                    c/ Rosales, 22 - 34670 Madrid

Solicitudes y peticiones de información

• Lees el siguiente anuncio en la prensa y escribes una carta solicitando el trabajo.

> Empresa de Importación-Exportación precisa relaciones públi-
> cas de habla inglesa, hombre o mujer, mayor de 18 años.
> Imprescindible conocimientos básicos de español. Buena pre-
> sencia. Disponibilidad para viajar. Sueldo a convenir. Escribir a:
> INTERSA, S. A. c/ Duque de Mena, 45, 4.º dcha. 26097 Valencia.

INTERSA, S. A.
c/ Duque de Mena, 45, 4º dcha.
26097 Valencia

Roma, 3 de febrero de 1993

Muy Sres. míos:

He leído el anuncio publicado por Vds. en
la prensa española el día 28 de enero y me
permito solicitar el puesto de relaciones
públicas que ofrecen. Mi nivel de español es
bastante bueno y creo que cumplo con los demás
requisitos que Vds. exigen.

En espera de sus noticias, se despide
atentamente,

Bruno Resni
Via Audinot, 56
87865 Roma

• Lees este anuncio en el periódico y escribes una carta pidiendo cierta información.

APRENDA ESPAÑOL CON SÓLO TRES LETRAS
ELE tiene la solución. Con cursos de español para todos los niveles y durante todo el año en las mejores escuelas y universidades de España. ELE sólo tiene tres letras para aprender mejor español.

Pida mayor información en la oficina central de ELE:
Dr. González Bueno, 49, 2796 Bilbao (España)

```
ELE
Dr. González Bueno, 49
2796 Bilbao (España)

                    Amsterdam, 15 de julio de 1993

Muy Sres. míos:

      Quisiera que me enviaran Vds.
información sobre los cursos para
extranjeros que se ofrecen en las
universidades españolas. Además de los
programas de verano, les estaría muy
agradecido si me pudieran informar de
aquellos que tienen lugar durante el año
escolar. Les ruego que me indiquen cuál es
la tarifa de su organización por ocuparse de
la gestión de mi matrícula.

                              Atentamente,


                              Peter Bruger
```

Opiniones, comentarios y sugerencias

• Recibes la siguiente carta del servicio de información y documentación de un centro cultural del que eres socio. Rellenas la hoja e incluyes ciertas observaciones.

CENTRO CULTURAL LOPE DE VEGA
Valladolid

28 de junio de 1993

Estimado/a amigo/a:

Después de varios meses de funcionamiento ininterrumpido, nos gustaría que nos indicara qué tipo de actividades son de su interés:

MÚSICA CLÁSICA ☐	CONFERENCIAS ☐	SOCIOLOGÍA ☐
MÚSICA POPULAR ☐	DEBATES ☐	EDUCACIÓN ☐
EXPOSICIONES ☐	CURSOS ☐	ANTROPOLOGÍA ☐
ESPECTÁCULOS ☐	SEMINARIOS ☐	HISTORIA ☐
LITERATURA ☐	CINE ☐	POLITOLOGÍA ☐

Asimismo, si tiene alguna observación o sugerencia que hacernos con respecto a nuestro servicio, le agradeceríamos que nos hiciera llegar sus opiniones al respecto. A través de sus respuestas e indicaciones trataremos de mejorar este servicio para que esté Vd. puntualmente informado de nuestras propuestas culturales.

Dándole las gracias por anticipado por su colaboración, reciba nuestro más cordial saludo.

Servicio de Información y Documentación

CENTRO CULTURAL LOPE DE VEGA
Servicio de Información y Documentación
c/ Cervantes, 25
27650 Valladolid

25 de julio de 1993

Muy Sres. míos:

Les agradezco su interés por conocer mi opinión sobre su servicio y me permito hacerles ciertas observaciones. Debo decirles que no recibo con regularidad su boletín y que no me llega a tiempo la información sobre las actividades del Centro. Puede deberse a que no ponen la dirección completa ya que falta el código postal: 27660. Por favor, tomen nota de ello para que sus cartas no me lleguen tan tarde.

Un cordial saludo,

Robert Bell
Colegio Mayor San Francisco de Sales
Ronda de la Luz, 25
27660 Valladolid

Reclamaciones y protestas

• Consideras que se te ha discriminado por el hecho de ser extranjero y escribes una carta al periódico local contando el caso.

```
EL GLOBO
Sección «Cartas al Director»
c/ Zarraluque, 28
2347 Santander

                                20 de septiembre de 1992

        Estimado director:
                Le ruego publique estas líneas en
        repulsa e indignación sobre la diferencia de
        criterios en ciertos establecimientos
        españoles. Me refiero a la piscina municipal
        del barrio «El Bosque» de Torrelavega. Cuál no
        sería mi sorpresa en el momento de pasarme por
        la ventanilla para pagar mi entrada cuando el
        taquillero me dice que son 1.000 ptas. Yo le
        pregunto que cómo puede ser así cuando en el
        tablero de precios figura 200 ptas., y él me
        contesta que como soy extranjero me cuesta
        cinco veces más. Yo le impondría al alcalde de
        ese pueblo un castigo: como él es español,
        cuando vaya a utilizar el metro de mi ciudad,
        París, que se le cobre también cinco veces
        más.

                Agradeciéndole de antemano su
        atención, se despide atentamente,




                                Michel Penige
```

Información personal y profesional

1. Convierte el siguiente currículum vitae en una carta de presentación en la que se describa la trayectoria profesional de esta persona.

CURRÍCULUM VITAE

Natalia Brisovsky
Lingüista (especialización en traducción e interpretación)
Fecha de nacimiento: 6-7-1969
Dirección en España: Galileo, 27. 28008 Madrid
Teléfono: 332 79 82

I. Titulación y antecedentes académicos

- Licenciada en Lingüística Aplicada por la Universidad Politécnica de Moscú (años 1987-1992).
- Diploma Superior de la Escuela de Intérpretes y Traductores de París, curso académico 1992/93.
- Idiomas que conoce: ruso (lengua materna), polaco y checo (nivel superior), francés y español (nivel intermedio).

II. Experiencia profesional

- Prácticas durante el verano de 1991 en el Buró XV del Consejo de Europa (Estrasburgo) como intérprete de ruso.
- Empleada por la Universidad Autónoma de Madrid como lectora de lenguas eslavas durante el curso académico 1993.

---

2. Has visto el siguiente anuncio en el periódico. Escribes una carta solicitando el puesto de trabajo en la que especificas: a) datos personales, b) estudios realizados, c) disponibilidad.

CHICAS/OS 18-26 AÑOS

¡Cambia tu rutina! Disfruta trabajando con gente joven, como tú, en relaciones públicas y marketing.

– No se precisa experiencia.
– Recibirás un curso con los métodos más avanzados de la gestión comercial.
– Sólo te pedimos buena presencia, cultura media y dedicación todo el día.

SI ERES PORTADOR DE UNA SANA AMBICIÓN, ESCRÍBENOS CONTÁNDONOS CÓMO ERES A: RUTEX. Prendes, 34, 5.º izqda. 25640 Barcelona

---

Solicitudes y peticiones de información

3. Lees el siguiente anuncio en la prensa y escribes una carta en la que pides información adicional: a) en qué consiste el tratamiento, b) su precio, c) posibles contraindicaciones, d) cualquier otra cosa que te interese conocer.

PIERDA HASTA 11 KILOS EN 23 DÍAS

ESCRÍBANOS Y SIN COMPROMISO ALGUNO LE EXPLICAREMOS CÓMO
ADELGAZAR DE FORMA COMPLETAMENTE NATURAL

sin hambre
sin píldoras
sin gimnasia
sin inyecciones

ESCRIBA A: SLIMMING CENTER
Asesoría estética

---

4. Haz una carta pidiendo información sobre un curso de español que has visto anunciado en la prensa. Sólo dispones de dos meses en verano y no puedes gastar mucho dinero. Debes preguntar: a) cuánto cuesta, b) en qué fechas tiene lugar el curso, c) si están incluidos en el precio el alojamiento y la comida, d) cuántos niveles de español ofrecen.

5. Recibes esta carta del director de una compañía de seguros y le escribes solicitando algunas condiciones particulares.

LA CONFIANZA
Seguros y Reaseguros

                              Córdoba, 3 de abril de 1991

      Distinguido Sr.:

            Nos permitimos llamar su atención
sobre las prestaciones que ofrece nuestra
compañía en la rama de seguros y reaseguros
detalladas en el folleto adjunto.

            Contamos, además, con un servicio de
atención individualizada para nuestros clientes
y estaremos gustosos de ofrecerle un plan de
aseguración acorde con sus necesidades.

            Aprovechamos esta ocasión para
testimoniarle nuestra consideración más
distinguida.

                        Francisco Álvarez
                        Director Comercial

6. En esta carta se solicita un empleo, pero faltan el encabezamiento, la despedida y ciertos verbos. Debes completarla.

....

....

....

....

....

He leído en la prensa el puesto de programador que ofrecen y ....
solicitarlo.
Tal como piden, ... acompañar mi carta con un breve currículum vitae.

....

....

....

Opiniones, comentarios y sugerencias

7. Escribe una carta al periódico según la guía que figura en este anuncio:

AVISO

Hasta el 30 de septiembre, los lectores podrán enviar sus apreciaciones veraniegas, positivas o negativas, sobre la calidad de los servicios contratados en las agencias de viajes, transportes, hoteles o restaurantes, así como sobre las características de las playas y de la oferta turística complementaria. Estos datos serán de utilidad en futuros reportajes de esta sección. En las cartas figurará imprescindiblemente la dirección, el teléfono y el DNI del remitente, y se dirigirán a EL PAÍS, sección de Viajes, Miguel Yuste, 40, 28037 Madrid, y Zona Franca, sector B, calle D, 08040 Barcelona.

8. Has leído en el periódico esta propuesta de un articulista y, como no estás de acuerdo, escribes una carta a la sección «Cartas al Director» con tus observaciones.

«... en mi opinión, el hecho de contar con la letra eñe hace a nuestro sistema de escritura más perfecto, por lo cual propongo que se obligue a los demás países de la Unión Europea a adoptar esta letra para el sonido correspondiente ...»

Reclamaciones y protestas

9. Has hecho una compra por catálogo y recibes la carta que figura a continuación. Contestas quejándote porque el sofá ha llegado con una pata rota y la compañía de transportes no se hace responsable. Exiges que te lo cambien por otro en buen estado.

```
CASA-CONFORT
Avda. del Prado, 254
08006 Barcelona

          Barcelona, 5 de septiembre de 1993.

    Apreciado cliente:

        Adjunto le remitimos el comprobante
de la compra que Vd. ha efectuado por catálogo.
Recibirá Vd. en este mes el sofá que ha
elegido por mediación de Transportes ELVAS.

        Agradecidos por su confianza,
aprovechamos la ocasión para saludarle
atentamente.



        CASA-CONFORT
        Dpto. Servicio Clientes
```

10. Has llegado tarde a una reunión de trabajo por culpa de la compañía aérea e, indignado, has escrito esta carta de reclamación. Un poco después, más calmado, decides redactar de nuevo la carta en un estilo formal: respeta el formato convencional y utiliza un vocabulario adecuado al nuevo estilo.

Sr. Presidente de EL ALA:

Estoy harto de la cara dura de la Cía. que Vd. preside. Ya es la tercera vez que llego tarde a una cita importante por culpa de la vaguería de sus empleados y la porquería de los aparatos que tienen ustedes. Así que ya no me aguanto más. Reclamo que me devuelvan el dinero de los tres viajes o, mejor aún, que me den gratis tres billetes para volar a donde me dé la gana.

Pedro Gómez-Tarredas
(Albacete).

1. Quieres ingresar en un centro escolar y, además de rellenar una serie de formularios, te piden que dirijas una carta al jefe de estudios presentándote.

2. Has visto en el periódico un anuncio comercial y pides por carta alguno de los productos que se ofrecen. Menciona modelo, tamaño, color y forma de pago.

3. Escribes a un centro de documentación pidiendo bibliografía para un trabajo de investigación que vas a iniciar.

4. Escribes una carta al periódico sugiriendo que dediquen menos páginas a los deportes y más a la información cultural.

5. Escribes una carta a la Empresa de Lácteos Burgalesa protestando porque has encontrado restos de papel en el yogur.

◆ **Tipos de discurso**

En esta unidad se aborda la producción de textos en un entorno escolar o académico. En esta situación, es frecuente que el estudiante se tenga que enfrentar a composiciones escritas muy variadas, tanto en el contenido como en la forma. Para ello es preciso comenzar por reconocer los rasgos característicos de los distintos tipos de discurso (descripción, narración, exposición y argumentación) como paso previo para llegar a la producción de textos originales.

En esta idea, se comienza la unidad con una descripción de las características de estos tipos de discurso y se presentan los distintos textos modelo, en

79

los que se señalan los exponentes lingüísticos propios de cada tipo. A continuación se incluyen una serie de actividades guiadas, que están orientadas a la práctica de cada una de las modalidades de discurso.

Descripción

En la descripción se trata de transmitir al receptor la imagen de una persona, objeto o fenómeno. Para ello, se suele hacer referencia a las características físicas o materiales, a usos, finalidades o localización, así como a la organización e interrelación de los elementos que componen el todo. En la descripción de un proceso se hace referencia, por lo común, a aquellos elementos que lo componen y a los pasos o etapas en que éste se desarrolla. Además de este tipo de descripción más objetiva, a menudo el escritor expresa también las asociaciones, actitudes o sentimientos que dichas personas, objetos o fenómenos pueden provocar en él.

Narración

En la narración se presentan sucesos reales o imaginarios desde el punto de vista de su desarrollo en el tiempo. Se da cuenta de diversos factores contextuales, como pueden ser el propósito, el lugar y la referencia temporal de los sucesos, así como los agentes y objetos que intervienen en ellos.

Exposición

La exposición consiste en la presentación de una cuestión o un concepto, para darlo a conocer y hacerlo comprender. Se suelen aportar datos y apelar al conocimiento o las intuiciones acerca de los elementos y los aspectos que caracterizan la cuestión o el concepto presentado. En la exposición se pueden distinguir tres partes: definición, clasificación y ejemplificación.

Argumentación

La argumentación generalmente aparece combinada con la exposición. Consiste en la discusión de alguna cuestión mediante razonamientos demostrativos para convencer al lector de una idea, opinión o doctrina. En la argumentación se suele partir de una idea principal, en la que se confirma o refuta una cuestión, para luego aportar las razones a favor de tal idea. A menudo se apela a la opinión de una «autoridad» en la materia, o se proporcionan ejemplos que apoyen los argumentos expuestos. También es frecuente acudir a la comparación y el contraste como forma de argumentación.

• **Descripción**

El hórreo

Formas de identificación

Referencia a la composición

Referencia al uso o finalidad

Fórmulas locativas

El hórreo **es** una construcción **típica** del Principado de Asturias cuyos orígenes se remontan **al Neolítico. Se trata de** una construcción **cuadrada**, levantada **del suelo** por cuatro pilastras de piedra o de madera. **Consta de** una sola habitación y las paredes **están hechas de** madera. El tejado es **de forma triangular** y está construido **en madera**, todo ello recubierto de tejas. **Se usa para** almacenar grano y hortalizas. **La finalidad principal** del hórreo es aislar las cosechas de la humedad proveniente del suelo, **así como** preservarlas de los ratones y otros roedores.

Expresión de la especificación y calificación

Fórmulas temporales

Pasiva impersonal

Conectores aditivos

El gazpacho

Referencia a la composición

Fórmulas locativas

Fórmulas temporales

Conectores de localización espacial

El gazpacho es natural de toda la región de Andalucía, aunque en cada provincia presenta variaciones. **Los componentes básicos** son tomate, aceite de oliva, vinagre, sal, ajo y cebolla. **En Córdoba** se utiliza **además** miga de pan, huevos, pimientos, pepino y un tomate pelado.

En este último lugar, el gazpacho **se elabora** de la forma siguiente: **en primer lugar** se machacan cuatro dientes de ajo en un mortero, junto con miga de pan, el tomate pelado, aceite, huevos y sal. **Tras** haber convertido todo esto en pasta, se le añade agua y se cuela. El gazpacho hay que comerlo frío, **por lo que** se suele rebajar con unos cubitos de hielo. **A la hora de servir**, se trocea el pepino, el tomate y la cebolla y se presenta todo ello como guarnición junto con unos trocitos de pan.

Pasiva impersonal

Conectores aditivos

Conectores temporales

Conectores causales

(Adaptados de «Descubra España paso a paso», Asturias (I) & Andalucía (I), S. A. de Promoción y Ediciones Club Internacional del Libro.)

• **Narración**

Ramón y Cajal

Referencia
a la secuencia
de eventos
pasados

Fórmulas
temporales

Conectores
temporales

Santiago Ramón y Cajal **nació el 1 de mayo de 1852** en la pequeña aldea de Petilla de Aragón (Zaragoza). Sólo tenía dos años **cuando abandonó** su pueblo natal, a pesar de lo cual siempre conservó un fuerte sentimiento por todo lo aragonés. En 1869 **ingresó** en la Escuela de Medicina de Zaragoza, y **durante sus años universitarios** se manifestó ya como una auténtica promesa en el campo de la investigación.

Fue requerido para ir a Cuba, de donde **regresó** enfermo de paludismo. **Inmediatamente instaló** su primer laboratorio e inició sus investigaciones de anatomía y embriología. **Tras** una serie de fracasos en oposiciones, **consiguió, por fin,** la cátedra de Anatomía de Valencia. **En 1887 se trasladó** a Barcelona como catedrático de Histología. **Poco después logró** descubrir las leyes que rigen la morfología de las células nerviosas en la sustancia gris.

Ya en Madrid como catedrático de Medicina, Cajal **obtuvo** el reconocimiento público que se merecía, que **culminó** con la concesión del Premio Nobel **en 1906.**

(Adaptado de Colecciones de El País Semanal
«Un Siglo Revolucionario».)

- **Exposición**

Formas de definición

Formas de clasificación

Formas de ejemplificación

Referencia a las características

Conectores de adición

Conectores causales

Los recursos naturales

Se considera «recurso» la sustancia o propiedad física de un lugar **que** puede ser **utilizada para** satisfacer una necesidad humana, **como** una fuente de energía, una materia prima; **se incluye también** el agua, el aire, el suelo agrícola, la producción alimenticia...

La utilización de los recursos por una población **depende de** su nivel socioeconómico, de sus actividades culturales y de la capacidad técnica. **Constituye, pues,** un concepto dinámico que sólo tiene sentido **cuando** se pone en relación con la población.

(Adaptado de Sánchez, J. & Zárate, A., 1993, *El mundo en que vivimos,* Ediciones SM, Madrid.)

- **Argumentación**

Presentación de la cuestión

Formas de confirmación y ratificación

Formas de persuasión

Formas de ejemplificación

Formas de comparación y contraste

Fórmulas y conectores causales

El papel como producto ecológico

En opinión de distintos expertos en medio ambiente, algunos productos de papel virgen sin cloro, o de papel reciclado, **como** filtros de café, toallitas, pañuelos y pañales desechables, **deberían** ser etiquetados **como «ecológicos»**. **En efecto**, ambos tipos de productos son beneficiosos para el medio ambiente p**or distintos motivos. Por un lado**, el papel reciclado evita la tala de nuestros escasos bosques. **Hay que tener presente** que, en la actualidad, se están talando 100.000 millones de árboles al año para satisfacer la demanda de papel.

Por otro lado, con el papel libre de cloro se evita el proceso de blanqueo, que es probablemente la fase más devastadora en la producción de papel, y **por consiguiente** se reduce en alguna medida la contaminación de nuestros ríos y mares. **Por todo ello, es apropiado que** en ambos casos se aplique a este tipo de papel el calificativo de «ecológico».

(Adaptado de Greenpeace, Boletín Informativo Trimestral n.º 26, I/93.)

Descripción

1. Reordena y conecta entre sí las siguientes frases con el fin de describir a estos dos actores españoles: **Charo López** y **José Luis López Vázquez**.

– Ha sido fiel intérprete de numerosos filmes de Gonzalo Suárez.
– Su prototipo más característico es el español de la posguerra, reprimido, con un evidente toque sombrío.
– Es el más prolífico de los actores españoles (en cine y televisión).
– Que la descubrió, y con quien trabaja frecuentemente.
– Actriz de rara y tormentosa belleza.
– A pesar de su tendencia a la sobreactuación.
– Siempre se ha movido con seguridad en papeles dramáticos, de mujer atormentada pero con gran aplomo.
– Tal como quedara reflejado en «Ese señor de negro».

(Adaptado de «Cinema», Colecciones de El País Semanal.)

2. Completa esta receta utilizando los siguientes conectores:

– A continuación   – Antes de   – Finalmente
– Hasta que   – Primero   – Para
– Y   – Una vez que   – Después
– Luego   – Cuando

Paella de mariscos

Ingredientes:

2 tazones de arroz
1 kg de mejillones
200 g de tomate natural triturado
3 cigalas medianas
500 g de calamares
2 dientes de ajo
10 cucharadas de aceite de oliva
sal

.... , se lavan los mejillones, las cigalas y los calamares. .... se trocean los calamares .... se pelan los dientes de ajo. .... , se pone el aceite en la paellera, se acerca al fuego .... , ... empiecen a humear, se fríen los ajos enteros .... se doren.

Se retiran los ajos dorados .... se añaden al mismo aceite los calamares troceados, rehogándolos durante unos minutos. .... se apartan los calamares a un lado de la paella .... se incorporan las cigalas. Se dejan rehogar .... adquieran un tono dorado.

.... las cigalas estén cocinadas, se sube el fuego .... se añaden los mejillones, dejándolos rehogar .... se abran .... , se incorpora el tomate natural triturado, se rehoga un poco .... se añaden los dos tazones de arroz. Se remueve bien con una cuchara de madera .... mezclar todos los ingredientes.

.... , se añaden cuatro tazones de agua sobre el arroz, se sala a gusto .... se deja cocer a fuego moderado .... el arroz esté en su punto. Se retira del fuego, se cubre con un paño .... se deja reposar .... servir.

(Adaptado de «Fichas para Ahorrar», Colección T.P.)

Narración

3. En el siguiente texto se narran las expediciones de una serie de grandes navegantes. Completa la narración rellenando los huecos con los siguientes verbos en la forma apropiada.

– ser	– dar	– emprender	– descubrir
– explorar	– abrir	– regresar	– morir
– reflejar	– utilizar	– seguir	– navegar

Grandes navegantes

En 1492 Colón .... hacia el oeste en busca de una nueva ruta entre Europa y la India. .... un nuevo continente, América. Los viajes de Colón .... de una intensa colonización española y portuguesa.

Unos años más tarde, en 1496, Vasco da Gama .... la ruta a la India por el este, ... la vuelta a África, y .... un piloto árabe en la última parte del trayecto. .... la culminación de 80 años de exploraciones marítimas portuguesas.

En 1519 Fernando Magallanes .... la primera vuelta al mundo. Tres años después, uno de los barcos .... a Portugal, con sólo 18 hombres de los 265. Magallanes .... en Filipinas.

Ya en el siglo XVIII, entre 1772 y 1775, el capitán James Cook .... grandes zonas del océano Pacífico y de las aguas antárticas. Su destreza como navegante, su interés científico y su comportamiento humanitario .... un espíritu ilustrado en esta época ruda y despiadada de descubrimientos.

(Adaptado de Atlas El País, Aguilar.)

4. Estudia el siguiente plano. En él se indican los hechos acontecidos cuando tres ladrones intentaron robar un banco. Escribe la narración de estos hechos para una revista de actualidad.

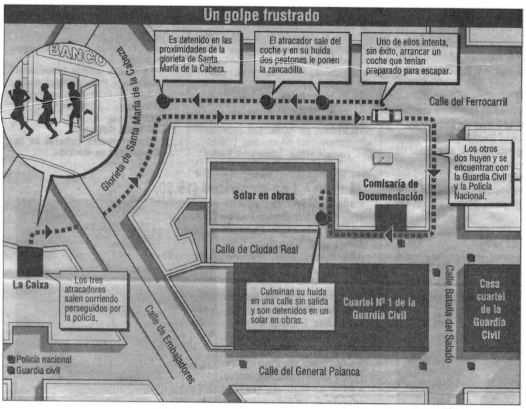

EL PAÍS. NACHO CATALÁN

Exposición

5. Utiliza la información que se recoge en el siguiente cuadro para presentar algunos tipos de enfermedades de la sangre.

Las enfermedades de la sangre

	Células afectadas	*Características*	*Efectos*
Anemias (muchos tipos)	Glóbulos rojos.	Descenso de la cantidad de hemoglobina total.	Descenso en la cantidad de oxígeno transportada. Debilidad general.
Leucopenia	Leucocitos en general.	Reducción en el número de leucocitos, generalmente debido a intoxicación por drogas.	Aumento de infecciones y debilidad general.
Leucemias (varios tipos)	Médula ósea, nódulos linfáticos.	Presencia de células inmaduras en la sangre circulante, debido a una superproducción incontrolada por parte de la médula ósea.	Debilidad general, hemorragias, fiebre.
Hemofilia		Falta una proteína: el factor VIII de coagulación.	Alteraciones importantes en la coagulación de la sangre.

6. Empareja cada oración o fragmento de oración precedido de letras con la parte correspondiente, indicada con números, que aparece en la página 88, y redacta este texto sobre la materia.

La materia

a. La materia puede aparecer de forma homogénea,

b. o de forma heterogénea,

c. Se denomina sustancia pura

d. El hierro, el oro, la sal, el azúcar y el azufre

e. Los elementos, como el hidrógeno, el oro, etc., son sustancias puras

f.. Los elementos son sustancias puras formadas por dos o más elementos,

1. a una fase de composición uniforme e invariable.
2. que pueden descomponerse en éstos por métodos químicos.
3. esto es, formada por dos o más porciones diferentes separadas por superficies claramente definidas.
4. que no pueden descomponerse en otras más sencillas mediante procedimientos químicos normales.
5. es decir, que sus propiedades y composición sean las mismas en cualquier punto.
6. son, por ejemplo, sustancias puras.

(Adaptado de Pozas, A., y otros, 1993, *Curso de Química,* Madrid, McGraw Hill.)

Argumentación

7. Lee las siguientes notas que se refieren a las ventajas que ofrece el tren sobre el coche. Utiliza estas ideas para escribir una redacción argumentando a favor del viaje en tren.

Ventajas del tren

ZONA DE SERVICIO

Comida, café, copa y vino. Éstos son los ingredientes de un viaje apetecible. En tren, mézclelos a su gusto.

ESTACIONAMIENTO RESERVADO

Al salir de viaje aparque su coche. Sin tocar el acelerador, llegará a su destino.

TRANSPORTE ESCOLAR

Si tienes menos de siete años, juega a los trenes en la guardería. Si tienes más, disfruta de las ventajas que tiene el tren mientras tus hijos juegan.

VISTA PANORÁMICA

Con vistas al campo o con vistas a la playa. Usted elige. Sólo tiene que asomarse a la ventanilla y disfrutar.

VELOCIDAD RECOMENDADA

Viaje sin límites. En tren. A 160 km/h, cuando menos lo espere, llegará a su destino. Haga cálculos.

VÍA LIBRE

En el tren dispone de una vía exclusiva. La única vía donde usted tiene preferencia siempre.

AFLÓJENSE LOS CINTURONES

Así viajará más cómodo. Sin aprietos. Sin agobios. Sin molestias de ninguna clase.

HOTEL

Tenemos plaza para todos. Para que viaje con toda comodidad.

(Adaptado de Propaganda RENFE.)

8. Lee las siguientes notas sobre medidas para reducir el uso del petróleo. Haz una redacción argumentando la necesidad de una política energética alternativa.

Energía sin petróleo

- Restricción en el consumo de combustible para vehículos.
- Apoyo de los gobiernos al transporte público en vez de al vehículo privado.
- Dedicar el grueso de los fondos de investigación al desarrollo de energías renovables.
- Impuestos a la energía sucia (petróleo, otros combustibles fósiles y energía nuclear).
- Nueva agencia internacional para promover las energías renovables y la eficiencia energética.

(Adaptado de Greenpeace,
Boletín Informativo Trimestral, n.º 26, I/93.)

APÉNDICE

ORTOGRAFÍA

◆ Acentuación

El español utiliza el signo ortográfico llamado «tilde» para marcar la posición del acento de palabra. Recordemos algunas reglas sobre el uso del acento gráfico.

Generales:
- Palabras agudas de dos o más sílabas: se pone la tilde sobre la última vocal si terminan en vocal, *n* o *s*. Ej.: contestó, Milán, además.
- Palabras graves de dos o más sílabas: no se escribe la tilde si termina en vocal, *n* o *s*. Ej.: casi, examen, tesis. Si terminan en otra consonante se escribe la tilde: télex, álbum, Pérez, Víctor.
- Palabras esdrújulas: se escribe siempre la tilde sobre la vocal de la antepenúltima sílaba. Ej.: contentísimo, próximo, Córdoba.

Específicas:
- Se usa la tilde para separar vocales que podrían formar diptongo. Ej.: ahí, oí, Raúl.
- Se acentúa alguna palabra de una sola sílaba para diferenciarla de otra con la misma forma. Ej.: «él (pronombre) no conoce el (artículo) nuevo horario».
- Se acentúan algunas palabras graves para evitar confusión con otras de la misma forma. Ej.: «Le dejaron solo (adjetivo) un rato» frente a «Le dejaron sólo (adverbio) un rato».
- Muchas palabras distinguen el uso interrogativo o exclamativo gracias al acento gráfico. Ej.: cómo / como, cuál / cual, cuándo / cuando, cuánto / cuanto, dónde / donde, qué / que, quién / quien...

◆ Diéresis

Se usa en las combinaciones **gue, gui** para indicar que debe pronunciarse la letra *u: vergüenza, pingüino.*

◆ Minúsculas y mayúsculas

- Los nombres de la semana, del mes y de las estaciones del año se escriben en minúscula. Ej.: «El lunes 1 de mayo de 1990».
- No se emplean las mayúsculas en las palabras señor(a), don/doña, usted, doctor(a) y profesor(a).
- Se escriben con letra inicial mayúscula los nombres propios y los tratamientos abreviados: Sr. D. (= señor don), Dra. Dña. (= doctora doña), Vd. o Ud. (= usted).

◆ Abreviaturas más comunes

- Referencia a personas: Sr. / Sra. / Srta. / Sres.; Vd./ Vds.: D. / Dña.; Prof.; Dr.; Ilmo. (= Ilustrísimo); V (= varón) / M (= mujer); qdo. (= querido).
- Pesos, medidas, moneda, horas: kg, km, m, cm, l (= litro), n.º (= número), PTA (= peseta(s)), h (= hora), m (= minuto), s (= segundo).

- Direcciones: dcha. (= derecha), izqda. (= izquierda), c/ (= calle), bloq. (= bloque), esc. (= escalera), Avda. (= avenida), tel./teléf. (= teléfono), C.P. (= código postal) / D.P. (= distrito postal).
- Otras: admón. (= administración), depto. (= departamento), C.ª (= compañía), S. A. (= Sociedad Anónima), c/c. (= cuenta corriente), D. N. I. (= Documento Nacional de Identidad), p./pág. (= página), gral. (= general), ej. (= ejemplo), V.º B.º (= visto bueno), P. D. (= posdata), P. V. P. (= precio venta público).
- Las siglas no se suelen separar mediante puntos: OTAN.

◆ **División de las palabras**

- Se puede cortar la palabra mediante un guión al final de la línea, siempre que se respete la división de sílabas: so-lo, res-peto o respe-to, com-pra, cons-ta...
- Si queda una vocal sola en la línea, no se separa la palabra: ami-go, no *a-migo.
- Tampoco se separan vocales aunque pertenezcan a sílabas distintas: pro-veer, no *prove-er.
- Las palabras compuestas que se escriben con guión (Castilla-León, demócrata-cristiano) no se separan por otro lugar.

◆ **Signos de puntuación**

🟦 Interrogación y 🟦 exclamación

En español los signos de **interrogación** y de **exclamación/admiración** se escriben tanto al principio como al final de sus respectivas oraciones:

¿Recibiste mi carta? (interrogación)
¡Ojo con la pintura! (exclamación)
¡Menuda catedral! (admiración)

🟦 Dos puntos

Los **dos puntos** sirven para anunciar una enumeración o introducir el resumen o la conclusión de lo que se acaba de decir. También se usan para introducir un texto en estilo directo. En las cartas, se colocan normalmente tras el encabezamiento o los saludos con que empiezan.

🟦 Puntos suspensivos

Los **puntos suspensivos** se utilizan cuando se deja sin acabar una oración, porque queremos que quede incompleto el sentido de lo que decimos o porque creemos innecesario continuar lo que estamos escribiendo.

🟦 Comillas

Las **comillas** enmarcan citas textuales. También se pueden usar para escribir palabras extranjeras o para matizar una determinada palabra.

🟦 Paréntesis y 🟦 raya

Los **paréntesis**, o la **raya**, en su caso, se emplean para intercalar palabras o frases dentro del texto principal que tienen alguna relación con lo que se va escribiendo.

CONECTORES

· Aditivos

y, además, también, igualmente, asimismo, así como...
como, por ejemplo, incluso, en concreto, a saber...
por lo que se refiere a, en cuanto a, en otras palabras...
es decir, esto es, en efecto, más bien...

– Temporales y de localización espacial

cuando, mientras, una vez que, antes de, hasta que...
inmediatamente, anteriormente, posteriormente...
luego, después, a continuación, tras, poco después...
donde, en este último lugar, hasta ese punto...

– Adversativos

pero, en cambio, mientras que, por otra parte...
sin embargo, no obstante, al fin y al cabo...
en todo caso, por lo menos...

– Causales

como, puesto que, porque, debido a...
pues, por lo que, por consiguiente...
para, con objeto de, con el fin de...
si, en caso de que, siempre que...

– Organizadores textuales

en primer lugar, en segundo lugar, en conclusión...
por un lado, por otro lado...